W0077592

Mosaik bei
GOLDMANN

Buch

Millionen Zuschauer verfolgen im Fernsehen, wie die Super Nanny verzweifelten Eltern Hilfestellung gibt und aus scheinbaren Katastrophenhaushalten wieder glückliche Familien werden lässt. Verständnisvoll und einfühlsam, aber auch gezielt und konsequent zeigt sie den Eltern, wie sie Harmonie in die Familie bringen können. In ihrem Buch erklärt die Pädagogin kompetent, verständlich und praxisnah, worauf es beim Leben mit Kindern ankommt, was Kinder brauchen, wie man ein harmonisches Familienleben gestaltet und wie Eltern den Alltag Schritt für Schritt in den Griff bekommen. Ihr ist vor allem wichtig, dass die Eltern sich mit sich selbst auseinandersetzen, denn die Ursachen für die meisten Probleme sind nicht bei den Kindern, sondern bei den Eltern zu finden. Kinder brauchen Liebe, Respekt, Geduld, Geborgenheit, Verständnis und Vertrauen. Ganz gezielt spricht die Super Nanny all die Probleme an, denen Eltern Tag für Tag gegenüberstehen, und zeigt, wie sie gemeinsam mit den Kindern zu einem harmonischen Alltag finden.

Autorin

Diplom-Pädagogin Katharina Saalfrank wurde durch die Sendung *Die Super Nanny* bei RTL bekannt. Dort hilft die erfahrene Pädagogin Familien und allein erziehenden Eltern, Erziehungsprobleme in den Griff zu bekommen. Ihre Sendung entwickelte sich zum absoluten Quotenhit: Bis zu 5,6 Millionen Zuschauer schalten ein, wenn die Super Nanny im Einsatz ist. Das Erfolgsformat bietet nicht nur den jeweils betroffenen Familien Hilfestellung, sondern zeigt anhand der Vielfalt der dargestellten Fälle auch den Zuschauern Lösungsansätze für Probleme in der eigenen Familie. Katharina Saalfrank lebt mit ihrem Mann und ihren vier Söhnen in Berlin.

Katharina Saalfrank

Die Super Nanny

Glückliche Kinder
brauchen starke Eltern

Mosaik bei
GOLDMANN

Die Ratschläge in diesem Buch wurden von der Autorin und vom Verlag sorgfältig erwogen und geprüft, dennoch kann eine Garantie nicht übernommen werden. Eine Haftung der Autorin bzw. des Verlags und seiner Beauftragten für Personen-, Sach- und Vermögensschäden ist ausgeschlossen.

FSC

Mix

Produktgruppe aus vorbildlich
bewirtschafteten Wäldern und
anderen kontrollierten Herkünften

Zert.-Nr. SGS-COC-1940
www.fsc.org
© 1996 Forest Stewardship Council

Verlagsgruppe Random House FSC-DEU-0100
Das für dieses Buch verwendete FSC-zertifizierte Papier *Munken Print*
liefert Arctic Paper Munkedals AB, Schweden.

2. Auflage
Vollständige Taschenbuchausgabe November 2007
© der Originalausgabe 2006 Wilhelm Goldmann Verlag, München,
in der Verlagsgruppe Random House GmbH
Das Buch basiert auf der gleichnamigen Fernsehsendung *Die Super Nanny*
© RTL Television 2005, vermarktet durch RTL Enterprises GmbH,
based on a format developed by Ricochet South
for channel four Television Corporation 2004
Umschlaggestaltung: Design Team München
Umschlagfoto: Stephan Pick, Köln
Satz: Barbara Rabus
Druck und Bindung: GGP Media GmbH, Pößneck
CH · Herstellung: Han
Printed in Germany
ISBN 978-3-442-16949-8

www.mosaik-goldmann.de

Inhalt

Vorwort

»Gibt es nicht schon genug Erziehungsbücher?«, werden Sie sich fragen. Und: »Muss ich das jetzt alles auf einmal lesen?« Nun, die Antworten darauf lauten: Das Buch handelt vom Umgang mit Kindern und mit Menschen überhaupt und ist deshalb nicht nur ein Buch über Erziehung. Dabei ist mir besonders wichtig, dass Sie sich als Eltern vor allem mit sich selbst auseinandersetzen. Zu diesem Zweck wird in diesem Buch in vielen Beispielen dargestellt, was in Familien und mit Kindern gut gehen kann, was häufig schiefläuft und wo es Verbesserungsmöglichkeiten gibt.

Um die verschiedenen Zusammenhänge zu verstehen, müssen Sie nicht unbedingt das ganze Buch auf einmal durchlesen. Sie können auch nur die Kapitel lesen, die Sie jetzt gerade am meisten in der Entwicklung Ihrer Kinder beschäftigen. Was Ihnen dieses Buch nicht bieten kann – und das möchte ich Ihnen gleich zu Beginn sagen –, sind Rezepte, wie Sie Ihre Kinder mit wenig Arbeit »in den Griff bekommen«. Denn darum geht es nicht! Kinder in irgendeiner Form zu kontrollieren, widerspricht meinen Ansichten über den Umgang mit Menschen überhaupt. Kinder brauchen Liebe, Respekt, Geduld und Vertrauen. Das sind die »Zauberwörter« für einen guten Umgang mit Kindern. Das klingt einfach, ist es aber leider für viele nicht immer. Kinder brauchen Eltern, die sich für sie interessieren und sich für ihre Belange einsetzen. Eltern, die nach Lösungen suchen und nicht aufgeben, auch wenn es schwieriger wird. Und Eltern, die sich mit sich selber auseinandersetzen und selbstkritisch sind. Das ist manchmal anstrengend und kostet Zeit. Aber es lohnt sich!

Ich möchte Ihnen dabei helfen, wie in meiner Fernsehserie *Die Super Nanny*, einen Schritt zurückzutreten und das große Ganze wahrzunehmen. So wie ich in meiner Sendung Eltern unterstütze, die in einem Muster feststecken und immer wieder in den gleichen Teufelskreis geraten, so möchte ich Ihnen helfen, Muster zu erkennen, zu verstehen und dann zu durchbrechen. Ich hoffe, Ihnen mit diesem Buch Hilfestellung leisten zu können, wenn Sie und Ihre Familie sich in einer Sackgasse befinden. Ich wünsche mir, dass Sie für Ihren Alltag wertvolle Hinweise und Denkanstöße erhalten. Und dass Sie dadurch das Buch und vor allem Ihre Kinder besser verstehen und umso mehr genießen können.

Es gibt keine Patentrezepte, wohl aber klare Standpunkte

Oft hört man Menschen von »bösen« Kindern sprechen. Zunächst: Böse Kinder gibt es nicht! Ein Kind kommt unschuldig auf die Welt. Unsere Aufgabe als Eltern ist es, dafür zu sorgen, dass es sich seinen Möglichkeiten und Anlagen entsprechend gut entwickeln und im Leben zurechtfinden kann. Dazu gehört vor allem, dass wir ihm Geborgenheit und Liebe geben und ihm mit Verständnis begegnen.

Auch das liebevolle Grenzensetzen gehört dazu. Wenn wir keine Grenzen aufzeigen, wird es das Kind später schwer haben, sich im Kindergarten und in der Schule, überhaupt in der Gesellschaft zurechtzufinden. Denn zum menschlichen und gesellschaftlichen Miteinander gehören bestimmte Umgangsformen und grundsätzliche Regeln. Zum Beispiel, dass Konflikte friedlich gelöst werden können. Wo sollen Kinder diese Dinge erfahren und lernen, wenn nicht zu Hause in ihren Familien?

Sie als Eltern prägen Ihr Kind. Egal, ob Sie sich gut oder weniger gut um Ihr Kind kümmern: Sie sind verantwortlich. Ihre Kinder kommen zwar mit bestimmten Talenten und Anlagen, aber ohne Erfahrungen, man könnte sagen wie ein unbeschriebenes Blatt zur Welt. Alle Einflüsse der Familie, maßgeblich die der Eltern, prägen das Kind. Dadurch entwickelt es sich in die eine oder andere Richtung.

Ihre Chance als Eltern, Einfluss auf das Leben Ihres Kindes nehmen zu können, sollten Sie positiv nutzen. Nehmen Sie diese Aufgabe an. Sie ist nicht immer leicht, denn sie kostet auch

Kraft, aber sie ist eines der schönsten Dinge überhaupt. Gewalt anzuwenden oder harsche Verbote auszusprechen ist dabei nicht hilfreich. Im Gegenteil – solche Dinge sollten Sie gänzlich unterlassen!

Nach meiner Erfahrung, gerade auch mit den Familien in der Fernsehserie *Die Super Nanny*, brauchen Kinder starke Eltern, die mit Liebe und Verständnis auf ihre Kinder zugehen, aber auch klare Standpunkte vertreten. Damit meine ich, dass Eltern eine Meinung haben müssen, zu der sie stehen und die sie liebevoll und konsequent durchsetzen. Standpunkte und Meinungen sind nur mit Konsequenz, Lob und Interesse für das Kind durchzusetzen. Auch Liebe und Geduld spielen eine sehr wichtige Rolle.

Ich will Ihnen ein Beispiel hierfür geben: Ihr Kind schlägt auf dem Spielplatz ein anderes Kind. In dieser Situation sollten Sie als Eltern Ihrem Kind gegenüber Stellung beziehen. Greifen Sie ein! Denn Ihr Kind muss erfahren, dass sich seine Eltern kümmern und dass es seine Belange nicht mit Gewalt durchsetzen kann. Schauen Sie nicht weg, und denken Sie nicht, die beiden regeln das schon alleine. Greifen Sie ein, und unterstützen Sie Ihr Kind bei der Lösung des Konflikts. So erfährt es Hilfe bei der Problemlösung und lernt, dass seine Eltern eine klare Haltung beziehen.

Natürlich ist es anstrengend, einen Standpunkt klar zu vertreten und konsequent daran festzuhalten. In unserem Beispiel müssen Sie aufmerksam sein und beim Eingreifen ein großes Maß an Feingefühl zeigen. Das geht nicht ohne Aufwand, aber das ist unsere Aufgabe als Eltern. Kinder müssen unsere Standpunkte erfahren und kennenlernen, und sie müssen wissen, woran sie sind. Nur so können wir ihnen Sicherheit und Vertrauen geben. Natürlich müssen Sie Ihre Haltung zu unterschiedlichen Themen immer wieder überdenken, schließlich entwickelt sich Ihr Kind weiter – und noch wichtiger: Sie als Eltern entwickeln sich mit Ihrem Kind. Doch die Arbeit, die es bedeutet, eine klare Ansicht zu vertreten und auch manchmal gegen den Protest Ihres Kindes daran festzuhalten, kann Ihnen niemand abnehmen.

Auch Regeln des Umgangs miteinander sind nötig. Dabei müssen diese Regeln nicht irgendwo geschrieben stehen. Die Kinder kennen sie und wachsen selbstverständlich in sie hinein, wenn Sie als Eltern eine klare Vorstellung entwickelt haben und mit gutem Vorbild vorangehen. Regeln des täglichen Miteinanders und ein regelmäßiger Tagesablauf helfen, ein Gerüst für die Kinder zu schaffen, an dem sie sich sicher durch das Leben und den Tag bewegen können.

Ich will Ihnen wieder ein Beispiel geben: Sie betreten ein Restaurant und wissen, ohne weitere Erklärung, dass Sie sich zum Essen auf den Stuhl und nicht auf den Tisch setzen müssen. Sie haben die Funktion des Stuhls erprobt, erfahren und verstanden. Ganz selbstverständlich wissen Sie, wozu er da ist. Genauso wünsche ich mir das im menschlichen Miteinander. Auch hier gibt es viele kleine selbstverständliche Verhaltensregeln. So wie wir uns selbstverständlich auf einen Stuhl setzen, sollten wir auch selbstverständlich keine Gewalt anwenden.

Eltern sollten Kindern die Möglichkeit geben, in der Familie zu lernen, sich an sinnvolle Regeln des Miteinanders zu halten und Erfahrungen zu sammeln. Sie müssen lernen und erfahren, sich nicht mit körperlicher Gewalt durchzusetzen, sondern mit Hilfe von Worten. Nur so können Kinder sich später in der Gesellschaft zurechtfinden und diese auch friedlich mitgestalten.

Regeln aufzustellen und sie einzuhalten, fällt vielen Eltern schwer. Anstrengende Arbeitstage, stressige Zeiten in der Partnerschaft und quengelige Kinder schwächen die klaren Standpunkte der Eltern und rauben oft die Kraft für das Wesentliche. Manchmal haben die Eltern auch selber wenig Zuwendung und Liebe bekommen und müssen den liebevollen Umgang mit Kindern erst ganz neu lernen. Zudem fürchten viele Eltern, die Liebe Ihres Kindes zu verlieren, wenn sie klar Stellung beziehen. Eher das Gegenteil ist jedoch der Fall: Kinder begreifen Regellosigkeit oft als Lieblosigkeit.

Das Leben für Kinder und mit Kindern ist heute nicht immer einfach. Aber Kinder sind ein kostbares Gut und eine tolle Herausforderung. Wir können viel von ihnen lernen. Sie helfen uns, mehr von uns selber zu verstehen und reicher durchs Leben zu gehen.Wichtig ist auch: Hören Sie nie auf zuzuhören. Vor allem Ihren Kindern! Aber auch Partnern und Freunden. Bleiben Sie interessiert an den Menschen in Ihrer Umgebung und hinterfragen Sie deren Standpunkte und Meinungen. Lassen Sie zu, dass auch Ihre Meinungen hinterfragt werden – meist meinen es die »Kritiker« gut mit Ihnen. Nehmen Sie Kritik als Chance, und fühlen Sie sich nicht angegriffen. Je mehr Sie reden und verstehen, lesen, sich informieren, interessiert sind, desto eher werden Sie ein gutes »Bauchgefühl« für Ihre Familie und Ihre Entscheidungen entwickeln können.

Das Leben mit Kindern in einer Familie ist eine wichtige und wunderbare Aufgabe, die Freude macht und eine große Herausforderung darstellt. Mir ist es in der Fernsehserie *Die Super Nanny* und in diesem Buch ein Anliegen, die Erfahrungen aus der Arbeit mit vielen Familien, mit deren Kindern – ganz einfach die Erfahrungen mit Menschen – weiterzugeben. An Sie, Ihre Familie und an alle Menschen, die mit Kindern zu tun haben.

Katharina Saalfrank

1

Ihre Aufgaben als Eltern

Die Erfahrungen, die ein Kind in seiner Familie macht, sind für sein ganzes Leben prägend. Von seinen Eltern lernt es, was es heißt, geliebt, gelobt und angenommen zu werden.

Zurück in die eigene Kindheit

Eltern sind der Schlüssel zum Glück ihrer Kinder. So wie ihre eigenen Eltern es für sie waren. Erinnern Sie sich einen Moment lang zurück an Ihre eigene Kindheit.

- Wurde in Ihrer Familie viel gelacht?

- Wurde wenig gesprochen?

- Wurde lautstark gestritten?

- Oder wurden Streitigkeiten eher unter den Teppich gekehrt?

Das sollte ein ganz bewusstes Erinnern sein: Wie war der Umgang miteinander in der Familie? Denn die Erfahrungen, die ein Mensch in seiner Ursprungsfamilie gemacht hat, sind für das ganze weitere Leben prägend. Für die Persönlichkeit, das Selbstbild, das Verständnis vom Mann-, Frau-, Vater- und Muttersein.

Gab es etwas besonders Schönes in Ihrer Kindheit? Was war gar nicht gut? Und was wollten Sie nie tun, wenn Sie erst eigene Kinder haben würden? Spannende Fragen, und dazu noch Fragen, die schwierige Situationen in Ihrer Gegenwart verständlicher machen können. Denn Geschichte kann sich wiederholen – wenn man sich nicht damit auseinandersetzt, wenn sie nicht aufgearbeitet wird. Väter zum Beispiel, die als Kind geschlagen wurden, neigen dazu, auch den eigenen Nachwuchs hart anzupacken. Ein weiteres Beispiel: Mütter, die von ihren Müttern abgelehnt wurden, lehnen häufig auch die eigene Tochter ab. Das ist nicht zwangsläufig so, aber diese Kreisläufe können nicht selten beobachtet werden. Eltern können diesen Teufelskreis jedoch durchbrechen. Denn wenn sie sich klarmachen und verstehen, was in ihrer Kindheit geschehen ist, haben sie eine echte Chance, es jetzt bei ihren Kindern zu überdenken und anders zu machen. Nutzen Sie diese Chance!

Wie aber auch immer die Familie aussieht, in der wir aufgewachsen sind – jeder Mensch hat eine tiefe Sehnsucht nach ei-

Ihre Kindheit

Denken Sie zurück! Zurück an Ihre Kindheit. Was fällt Ihnen spontan ein? Vielleicht der sonntägliche Ausflug zu Ihrer Großmutter, die immer so herrlich nach Lavendel roch und Ihnen so viele Bücher vorlas? Oder denken Sie an Ihre Eltern, die immer sagten: »Gleich«, wenn Sie etwas von ihnen wollten, dann aber nie kamen? Vielleicht gibt es auch ganz schlechte Erinnerungen an Gewalt und Zank.

Sie sind sozusagen das Ergebnis, das Resultat vieler kleiner Erlebnisse in Ihrer Kindheit. Sie haben vielleicht vorwiegend gute, glückliche Zeiten mit Ihren Eltern erlebt, vielleicht war alles aber auch ganz anders. Daran können Sie rückwirkend nicht mehr viel ändern – aber: Sie können es selber mit Ihren Kindern anders machen.

ner liebevollen, zugewandten Familie. Doch gerade die, die in einer eher unglücklichen Situation erwachsen wurden und das verstanden haben, neigen dazu, alles perfekt und »richtig« machen zu wollen. Wenn dieser hohe Anspruch dann auf die Familie übertragen wird, sind alle schlichtweg überfordert.

Wie Eltern prägen

Wenn ein Kind auf die Welt kommt, hat es erst mal alle Möglichkeiten. Es sind zwar bestimmte Voraussetzungen vorhanden, unterschiedliche Veranlagungen und verschiedene Talente. Aber geprägt werden Kinder in allererster Linie durch ihre Eltern. Andere Bezugspersonen wie Großeltern, Erzieher, Lehrer, Freunde kommen in der Regel erst später hinzu. Doch von ihren Eltern spüren Kinder zuerst, was es heißt, geliebt, gelobt und angenommen zu werden. Oder eben auch abgelehnt zu werden.

Der Schritt in die Vergangenheit

Begeben Sie sich auf eine Reise in Ihre eigene Vergangenheit. Denken Sie nach und nehmen Sie sich Zeit dafür, auch wenn es Ihnen vielleicht schwerfällt. Sprechen Sie darüber – mit Ihren Eltern oder Ihren Geschwistern oder anderen, die damals dabei waren. Wie ist deren Blick auf die Dinge? Reden Sie mit Ihrem Partner, fragen Sie ihn nach seiner Kindheit. Lassen Sie Freunde von ihren Kindheitserfahrungen erzählen.

Erinnern Sie sich, wie es war, als Sie ein Kind waren. Holen Sie alte Familienalben hervor und blättern Sie darin, oder schauen Sie Bilder von früher an. Wie fühlt sich Ihre Kindheit an? Was davon wollen Sie Ihren Kindern mitgeben – und was nicht?

Diese Reise in die Vergangenheit ist ein Abenteuer für jeden – auch für Sie und Ihre Familie. Die Erfahrungen dieser Reise sind eine große Chance. Wenn Sie wissen, welche Prägung Sie in Ihrem Elternhaus erhalten haben, werden Sie der Frage näherkommen, was Sie selber heute sind und was Sie Ihren Kindern mitgeben wollen. Was hat Ihnen damals genutzt, womit haben Sie sich wohlgefühlt? Und was möchten Sie für Ihre Kinder nicht?

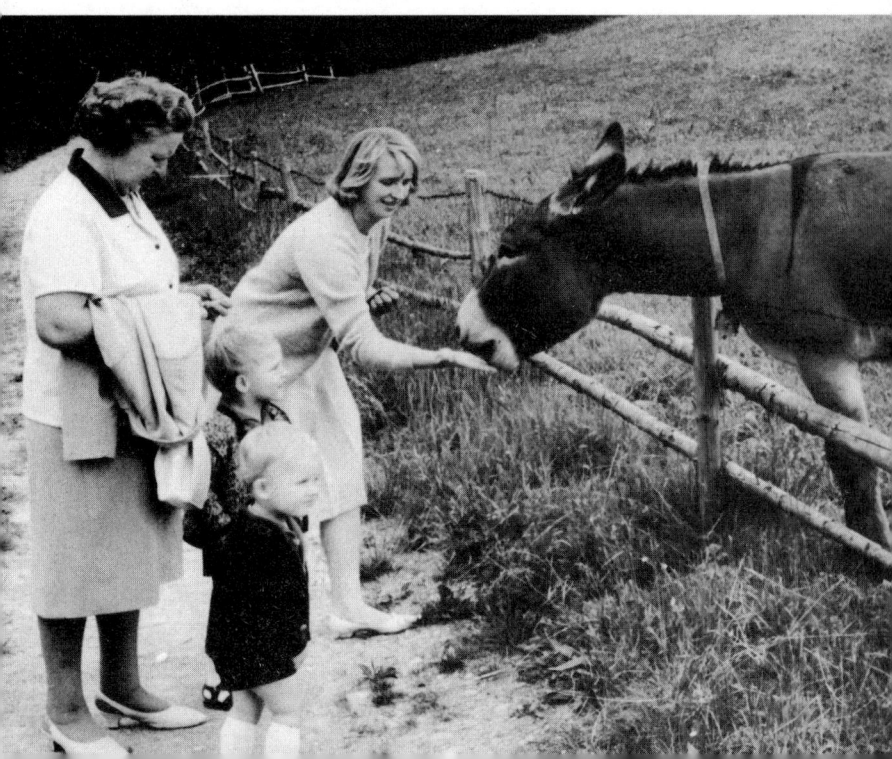

Was das für die Gegenwart bedeutet

Durch den Blick in die Vergangenheit können Sie beginnen zu verstehen, was Sie in Ihrer Kindheit geprägt hat. Betrachten Sie mit diesem Verständnis Ihre jetzige Situation. Sie wissen nun: Die Kindheit hat eine sehr große Bedeutung. Der Umgang von Eltern mit ihren Kindern ist prägend für das ganze spätere Leben. Sie haben eine neue Chance, mit Ihren Kindern manches anders und vielleicht auch einiges besser zu machen.

Wir wollen nicht einfach nur kleine funktionierende Erwachsene heranziehen, die artig knicksen, wenn Oma oder Freundin Hedy vor der Tür stehen. Wir wollen lebendige, fröhliche, kreative, selbstbewusste und eigenständig denkende Kinder. Wir sollten die kleinen Menschen mit ihrer individuellen Persönlichkeit und ihrem eigenen Willen verstehen lernen und ernst nehmen.

Kindheit heute

Unsere Kinder sind nicht schwieriger oder problematischer als die Kinder früherer Generationen. Aber die Zeiten und auch die Gesellschaft haben sich verändert und befinden sich in ständigem Wandel. Kinder und Eltern müssen mit ganz anderen, mit sehr komplexen und vielfältigeren Lebensumständen fertig werden. Auch sind wir selbstkritischer geworden, und unsere Ansprüche an uns selber und an die Kinder sind gestiegen. Wir sind von den vielseitigen Lebensbedingungen beeinflusst und lassen uns schnell verunsichern. Zum Beispiel wissen die meisten Eltern zwar, dass Kinder Grenzen brauchen, sie sind aber unsicher, welche Grenzen wichtig sind und wie sie sie setzen sollen. Denn oft haben die Eltern als Kinder selber keine klaren Grenzen erfahren.

Wir leben nicht mehr in der Großfamilie zusammen, in der Traditionen von einer Generation zur nächsten weitergegeben wurden und auch jungen Eltern vielleicht manchmal das eine oder andere abgenommen wurde. Dafür leben wir in einer Umgebung, einer Gesellschaft, die auf das Funktionieren jedes Einzelnen ausgelegt ist und jede Menge »Tipps« für uns auf Lager hat, wenn es gerade mal nicht so läuft. Wenn ein Kind sich im Supermarkt auf den Boden wirft und schreit, weil es keine Süßigkeiten bekommt, können Sie sicher sein, dass ziemlich viele Leute zuschauen und »gute Ratschläge« geben, wie alles besser funktionieren kann. Das bringt den genierten Eltern gar nichts, außer dass sie noch stärker verunsichert werden. Durch die Unsicherheit verlieren Eltern leicht noch den letzten Rest von Bauchgefühl und Unbefangenheit.

Wenn Eltern sich mit ihrer eigenen Kindheit beschäftigen, können sie vieles lernen und verstehen und zu einem neuen Umgang mit ihren eigenen Kindern finden.

Perfekte Eltern gibt es nicht

Es hat in der Geschichte der Menschheit noch nie die »perfekten Eltern« gegeben. Aber sehr viele Mütter und Väter haben sich bemüht, glückliche Kinder heranwachsen zu lassen und ihnen dabei zu helfen, zufriedene Erwachsene zu werden.

Menschen, die sich entscheiden, Eltern zu werden, oder auch solche, die von der Elternschaft überrascht wurden, sollten sich darüber im Klaren sein, dass es Zeiten geben wird, in denen die Interessen der Kinder höher zu werten sind als die der Eltern. Das bedeutet auch, dass Ihre Kinder ein Recht darauf haben, dass Sie sich mit Ihren eigenen Kindheitserfahrungen auseinandersetzen und Ihren Kindern gegenüber dementsprechende klare und feste Standpunkte vertreten.

Gute Eltern sind starke Eltern

Starke Eltern sind gefragt – Eltern, die mutig über die eigenen Stärken und Schwächen, Rechte und Pflichten, Ziele und Wünsche nachdenken. Die die Erwartungen, die sie an sich selbst und an ihre Kinder stellen, hinterfragen. Die über die Möglichkeiten nachdenken, die sie sich und ihren Kindern einräumen. Eltern, die sich ihrer Vergangenheit mit all ihren Vorteilen und Nachteilen bewusst sind und ihre Kinder zu selbstständigen Menschen heranwachsen lassen wollen.

Können Eltern sich ändern?

Kinder halten Eltern einen Spiegel vor, und das tagtäglich. Lassen Sie es zu, es ist eine Chance für Sie, Ihre Stärken und Schwächen und auch ganz neue Seiten an sich zu entdecken.

Die Geburt eines Kindes löst bei den Eltern meist Erinnerungsstürme aus – oft unbewusst. Vieles von dem, was junge Eltern dann von sich selbst oder über sich selbst erfahren, ist nicht immer schön und kann auch schmerzhaft sein. Es können negative Erinnerungen an die eigene Kindheit wach werden. Man entdeckt vielleicht Verhaltensweisen an sich, die an die eigenen Eltern erinnern und unter denen man als Kind selber gelitten hat.

Doch dieses Wiederaufleben der eigenen Erfahrungen gehört zum Hineinwachsen in die Elternrolle dazu und hat viele gute Seiten – auch wenn es manchmal schwerfällt hinzusehen, weil es wehtut. Wenn Eltern erkennen, unter welchem emotionalen Mangel oder unter welchen familiären Konflikten sie gelitten haben, wird es leichter, damit umzugehen. Wenn sie verstanden haben, warum sie so sind, wie sie jetzt sind, können sie beginnen, Dinge zu ändern und zu einem neuen Umgang mit ihren eigenen Kindern finden.

Über Probleme sprechen

Kinder sind eine große Herausforderung. Niemand hat je behauptet, dass es leicht wäre, ein Kind aufzuziehen. Es gibt wunderbare Momente, und das Leben mit ihnen ist reich und bunt. Kinder werden ihre Eltern aber auch immer wieder in Situationen bringen, in denen sie sich ausgeliefert fühlen und in denen sie das Gefühl haben, den Überblick zu verlieren. In solchen Situationen fühlen Eltern sich zunächst überfordert, dann schuldig. Es kommen Zweifel und manchmal auch Wut auf. Die Frage »Sind wir gute Eltern?« steht im Raum.

Es ist wichtig, dass Eltern über das Tabu-Gefühl, keine perfekte Familie, nicht die ideale Mutter oder der ideale Vater zu sein, sprechen. Probleme, Unsicherheiten, Verzweiflung und Wut müssen ausgesprochen werden. Sonst stauen sich die Gefühle auf und führen zu Unzufriedenheit und Frustration. Eltern müssen die eigenen Bedürfnisse und Gefühle klären und die eigenen Grenzen abstecken. Das sollte zum einen in Gesprächen mit dem Partner oder der Partnerin stattfinden, aber auch Freunde und Verwandte sind oft hilfreich. Vielleicht haben Ihre Geschwister ja ganz ähnliche Erfahrungen gemacht. Austausch ist in jedem Fall wichtig.

Das Zusammenleben in der Familie zu überdenken hilft dabei, Veränderungen einzuleiten. Das Wichtigste sind Geduld und die Fähigkeit, Konflikten nicht aus dem Weg zu gehen, sondern sie auch mal auszuhalten. Es wird sich sicher eine Lösung finden, auch wenn sie nicht immer gleich in Sicht ist.

Wege aus der Beziehungskrise

Reduziert sich eine Beziehung als Paar darauf, die Kinderbetreuung zu bewältigen, dann wird das bald zur Belastung. Sie sollten sich Zeit nehmen und miteinander sprechen. Klären Sie, was Sie empfinden.

● **Auszeit nehmen:** Versuchen Sie, den Alltag gemeinsam so zu organisieren, dass jeder von Ihnen mehr Luft hat und daraufhin wieder mehr Kraft für die Herausforderungen des Alltags. Gestehen Sie sich Auszeiten von der Familie zu, Zeiten, in denen Sie nur Mann und Frau, ausschließlich Paar sind. Das hilft Ihnen, Abstand und Zeit zum Nachdenken zu bekommen.

● **Zuhören lernen:** Zuhören kann man lernen: Etwa dadurch, dass beide Elternteile erzählen, wie sie sich gerade fühlen. Bevor der andere antwortet, erläutert er in eigenen Worten, was ihm sein Partner eben gesagt hat. Erst wenn der sagt: »Ja, genau das meine ich, ich fühle mich jetzt von dir verstanden«, darf der andere dann auch erzählen. Das ist zunächst etwas gewöhnungsbedürftig und am Anfang auch anstrengend. Sie werden sich aber wundern, wie viele Missverständnisse auf diese Art korrigiert werden bzw. erst gar nicht entstehen können.

Streiten lernen: Lernen Sie streiten und entwickeln Sie eine Streitkultur! Unstimmigkeiten müssen angesprochen werden, Aggression und Zorn müssen sich Ausdruck verschaffen können. Entwickeln und pflegen Sie eine Streitkultur, in der es möglich ist, Dinge auszusprechen, möglichst ohne den anderen dabei zu verletzten. Vermeiden Sie Vorwürfe und versuchen Sie NUR von sich zu sprechen. Zum Beispiel: »Ich fühle mich dabei so ...« Behalten Sie im Hinterkopf: Es gibt nicht die eine Wahrheit, sondern zwei Menschen mit unterschiedlichen Sichtweisen, die zu respektieren sind, auch wenn man sie ändern möchte. Versuchen Sie nicht, den anderen zu verändern, sondern versuchen Sie, ihn zu verstehen. Legen Sie Regeln für den Streit fest, das hilft enorm (zum Beispiel jeder lässt den anderen ausreden, keine Vorwürfe etc.).

Hilfe annehmen: Festgefahrene Konflikte können oftmals von professionellen Helfern gelöst werden. Sie sind neutral und können beide Seiten verstehen! Scheuen Sie sich nicht, diese Hilfe anzunehmen.

Grundbedürfnisse erkennen

Kinder haben elementare Grundbedürfnisse:

- Sie brauchen Liebe und Geborgenheit.
- Sie brauchen aufrichtige Wertschätzung.
- Sie möchten stolz sein dürfen und haben auch das Recht darauf, dass ihre Fähigkeiten anerkannt werden.

Vielleicht fällt es Ihnen als Eltern noch schwer, Ihren Kindern dies alles zu geben. Einige Mütter und Väter werden einwenden, sie hätten vieles selbst nicht als Kind erfahren und wüssten nun nicht, wie sie es umsetzen sollen. Oder aber vielleicht leben manche Eltern so sehr in ihrer Erwachsenenwelt, dass sie sich nicht bewusst sind, was Kinder brauchen. Wenn Sie aber wollen, dass Ihre Kinder lebensbejahend und mit einem gesunden Selbstgefühl aufwachsen, müssen Sie diese Grundbedürfnisse befriedigen. Um das zu erreichen, sind viele Voraussetzungen wichtig, aber zwei Dinge im Alltag vor allem wesentlich: Körper- und Augenkontakt. Die Liebe zu Ihrem Kind muss bei ihm ankommen, ganz egal, ob Sie ihm diese Liebe eher durch große oder kleine Gesten zeigen. Suchen Sie nach Möglichkeiten von vielen kleinen Berührungen im Alltag.

Wenn Ihnen diese Veränderungen allein zu schwer fallen, suchen Sie Hilfe bei den – meist kostenlosen – Beratungsstellen.

Hilfe in der Not

www.bke-elternberatung.de
Bundeskonferenz für Erziehungsberatung e.V.

Diese Seite ist für Eltern gedacht, die pädagogischen Rat suchen. Sie können sich dort von ausgebildeten Fachkräften kostenlos beraten lassen. Nach erfolgreicher Registrierung bekommen Hilfesuchende einen persönlichen Chat-Termin mit einem BkE-Mitarbeiter.

www.internet-notruf.de
Internet-Notruf Deutschland e.V.

Ein umfangreiches Angebot für Menschen jeden Alters, die in Not sind und Hilfe suchen. Die klare Struktur bringt den Suchenden schnell in die gewünschte Rubrik.

www.familienhandbuch.de

Eine Webseite vom Bayerischen Staatsinstitut für Frühpädagogik mit einer umfangreichen Suchfunktion für Artikel zu bestimmten Erziehungsthemen. Die Themenschwerpunkte auf dieser Seite sind Familienerziehung (Erziehungsfragen), Familienleben (Partnerschaft), öffentliche Angebote (Kindertagesbetreuung) und fachliche Beiträge (Kindheits- und Jugendforschung).

Staatsinstitut für Frühpädagogik

Eckbau Nord, Winzererstraße 9, D-80797 München
Tel.: 089/99825-1935

www.elternimnetz.de

Eltern im Netz ist ein Angebot vom Bayerischen Landesjugendamt. Es informiert und beantwortet Fragen rund um Erziehung und Familie.

Bayerisches Landesjugendamt

Winzererstraße 9, D-80797 München

www.elterntraining.de.vu

Seite für Eltern hyperaktiver Kinder

Elterntraining.de.vu soll Eltern die Fähigkeiten vermitteln, in schwierigen Erziehungssituationen angemessen zu reagieren. In den kostenpflichtigen Trainingseinheiten geht es um praktische, leicht nachvollziehbare Handlungsabläufe. Wichtig ist: Lernen durch Handeln! Der Schwerpunkt liegt hier im Umgang mit hyperaktiven Kindern.

www.ekful.de

Evangelische Konferenz für Familien- und Lebensberatung e.V.

Webseite des Fachverbands für psychologische Beratung und Supervision des Diakonischen Werkes der evangelischen Kirche. Der Verband arbeitet mit dem Evangelischen Zentralinstitut für Familienberatung zusammen.

www.kibnet.de

Eine Internetseite der Freien Wohlfahrtspflege mit einer umfassenden Datenbank über Träger und Anlaufadressen für Hilfesuchende.

www.dajeb.de
Deutsche Arbeitsgemeinschaft für Jugend- und Eheberatung e.V.
Wer einen guten digitalen Beratungsführer sucht, sollte bei DAJEB reinschauen.

Deutsche Arbeitsgemeinschaft für Jugend- und Eheberatung e.V.
Bundesgeschäftsstelle:
Neumarkter Straße 84c, D-81673 München
Tel.: 089/4361091, Fax: 089/4311266

www.profamilia.de
Pro familia bietet viele Informationen zum Thema Sexualität und Familienplanung. Wer eine Beratungsstelle in seiner Umgebung sucht, kann auch unter der oben genannten Adresse nachschlagen.
Sollten Sie keinen Zugang zum Internet haben, können Sie bei Ihrem örtlichen Jugendamt, der Stadtverwaltung oder in den Gelben Seiten unter »Beratungsstellen« nachsehen.

Entscheiden Sie selbst! Vergessen Sie trotzdem nicht: Hilfe suchen heißt nicht, Verantwortung abzugeben. Hören Sie nicht auf, selber zu denken und zu prüfen. Sie selber entscheiden, welcher Tipp zu Ihnen passt und welchen Hinweis Sie umsetzen, weil er für Sie und Ihr Kind sinnvoll ist, und welchen nicht.

Mit Humor geht vieles besser

Spaß und Humor gehören zu den schönsten Seiten des Familienlebens. Denken Sie an Ihre Kindheit zurück: Gab es da viel zu lachen? Ist die ganze Familie oft in schallendes Gelächter ausgebrochen? Sicher haben die Erinnerungen, in denen Sie mit Ihren Eltern gelacht und gescherzt haben, eine starke Wirkung auf Sie. Auf solche Erfahrungen zurückgreifen zu können ist eine gute Voraussetzung. Wenn Sie in der Vergangenheit wenig Freude teilen konnten, dann müssen Sie das nun neu mit Ihren Kindern erlernen.

Für Kinder ist das gemeinsame Lachen etwas Wunderbares. Wir brauchen Humor wie die Luft zum Atmen. Gemeinsam zu lachen macht das Zusammenleben leichter und angenehmer. Vor allem, wenn man auch einmal über sich selbst lachen kann. Eine humorvolle Einstellung hilft dabei, Probleme nicht überzubewerten und Schwierigkeiten nicht als unüberwindlich anzusehen. Fröhlichkeit und Humor können nicht verordnet werden, dennoch ist es wichtig zu wissen, dass diese Fähigkeiten auch zum Elternsein dazugehören.

Doch Vorsicht, die Grenzen zum Spott und zur Ironie sind dünn und können ein Kind schnell verletzen. Das sollten Sie immer und überall vermeiden! Es tut weh, wenn über einen gelacht wird. Das ist bei einem Kind genauso fehl am Platz wie Ironie und Sarkasmus. Kinder können Ironie noch nicht verste-

hen und reagieren hilflos. Ihr Selbstwertgefühl leidet darunter und die Familienatmosphäre wird vergiftet.

Genießen Sie die gemeinsame Zeit mit Ihren Kindern, haben Sie zusammen Spaß und überlassen Sie die Bettwäsche und den Abwasch ab und zu einfach einmal sich selbst. Diese Pflichten können Sie auch später noch erledigen. Das fröhliche Miteinander gibt allen Kraft und stärkt das Gemeinschaftsgefühl.

Weniger Ernst tut gut

Im Alltag ist Humor nicht immer leicht zu bewerkstelligen, aber mit der richtigen Einstellung und ein wenig Selbstkritik gelingt es. Denken Sie einmal darüber nach, ob die Dinge, die Ihnen Sorgen bereiten, wirklich so wichtig und belastend sind. Vielleicht sehen Sie manches allzu ernst und dramatisch. Der Alltag nimmt uns oft so gefangen, dass wir gar keine Zeit finden, um Abstand zu gewinnen und die Dinge sachlicher und gelassener zu betrachten. Trauen Sie sich, über die eigenen Schwächen mal herzhaft zu lachen.

Kinder als Vorbild

Lassen Sie sich von dem Lachen Ihrer Kinder anstecken. Die sind nämlich von Natur aus fröhlich und nehmen die Dinge mit Humor. Sie toben herum und sind immer auf der Suche nach neuen Entdeckungen. Akzeptieren Sie das als Ausdruck von Lebens-

Probieren Sie es aus!

- Kinder lächeln viermal so viel am Tag wie Erwachsene. Wie oft lächeln Sie?

- Lachen ist gesund. Das hat mittlerweile die Wissenschaft bestätigt. Beim Lachen werden Glückshormone ausgeschüttet und der ganze Körper entspannt.

- Ein Lächeln ist die kürzeste Kommunikation der Welt: Es schafft sofort eine positive Verbindung zwischen zwei Menschen, auch und vor allem zu Kindern! Erleben Sie diese Momente einmal ganz bewusst.

lust – und nicht als Versuch, Ihnen den letzten Nerv zu rauben. Probieren Sie doch auch mal etwas aus, was Sie noch nie gemacht haben, und entdecken Sie den Spaß am ungezwungenen Spielen! Denn es macht einfach Spaß, mit Kissen Höhlen zu bauen oder mit ernster Miene und einem Augenzwinkern die unglaublichsten Geschichten zu erzählen.

Kritik hilft

Humor zu haben bedeutet auch, selbstkritisch über sich und die eigene Wahrnehmung der Welt lachen zu können. Lassen Sie das zu! Verstehen Sie unverschämtes oder starrsinniges Verhal-

ten Ihres Kindes nicht als persönlichen Angriff, sondern freuen Sie sich an der Lebendigkeit Ihres Kindes. Mit einer Portion Humor kann man jedem Angriff die Spitze nehmen. Erfinden Sie Geschichten zu den kleinen Zornteufelchen, die kommen und uns ärgern. Sie werden auch mehr Erfolg haben, wenn Sie den Kindern die Aufgaben, die sie erledigen sollen, nicht ernst und streng, sondern in beiläufigem, heiterem Ton stellen.

Wenn Ihnen der Humor und die Selbstkritik im Alltag immer wieder verloren gehen, dann seien Sie nicht enttäuscht und geben Sie nicht auf. Denken Sie immer daran: Kritik und Selbstkritik sind wichtig, denn sie bringen uns weiter.

Oft sind wir über die Art und Weise, wie Kritik an uns herangetragen wird, gekränkt. Freunde und Verwandte sind oft gute Kritiker, aber auch Bekanntschaften auf dem Spielplatz sehen manchmal mehr, als wir uns vorzustellen vermögen. Nehmen

Sie die kleinen, meist gut gemeinten Ratschläge an. Das soll nicht heißen, dass Sie sie gleich umsetzen, sondern einfach nur, dass Sie den Wahrheitsgehalt neutral überprüfen und über die Äußerungen mal nachdenken sollten. Ohne Ärger! Vielleicht steckt ja tatsächlich eine Erkenntnis darin, die Ihnen den Umgang mit sich und Ihrer Familie erleichtert. Auch dem Partner und den Kindern zuzuhören ist wichtig. Oft kommen von ihnen wichtige Hinweise, wenn man gerade feststeckt.

Natürlich darf man Kritik, die einen als Person und das Selbstwertgefühl angreift, ablehnen und das der betreffenden Person direkt sagen. Oft jedoch lohnt eine solche Auseinandersetzung nicht. Sparen Sie sich die Kraft und Energie für Ihr Kind auf. Lassen Sie sich nicht verunsichern. Und wenn es gar nicht anders geht: Schützen Sie sich selbst und Ihre Kinder vor solchen Angriffen.

2

Was Ihr Kind von Ihnen braucht

Kinder haben Grundbedürfnisse, die ganz wesentlich für ihr Aufwachsen sind. Nur wenn Eltern wissen, was ihr Kind braucht, können sie ihm auch gerecht werden.

Liebe

Kinder sind keine kleinen Erwachsenen. Sie sind aber auch keine Wesen von einem anderen Stern. Sie sind kleine Menschen, die sich in der Entwicklung befinden. Sie haben Grundbedürfnisse, die ganz wesentlich für ihr Aufwachsen sind, sie denken kindlich und leben in einer Welt voller Fantasie und kindlicher Vorstellung, die uns Erwachsenen manchmal schon fremd geworden ist.

Sie als Eltern sollten sich auf Ihre Kinder einlassen und versuchen, sie zu verstehen, denn nur dann klappt die Kommunikation mit Ihrem Kind. Viele Probleme von Eltern mit ihren Kindern kommen eigentlich nur daher, dass Eltern zu wenig Einfühlungsvermögen aufbringen und kein Verständnis für die Welt ihrer Kinder entwickeln. Nur wenn Sie genau wissen, was Ihr Kind von Ihnen braucht, werden Sie ihm auch gerecht.

Alle Kinder brauchen Liebe und Aufmerksamkeit. Das sind elementare Grundbedürfnisse. Oft sind es gerade die wildesten und scheinbar anstrengendsten Kinder, die am meisten Liebe brauchen. Die Kinder, die sich nach außen als stark und aggressiv präsentieren, fühlen sich innerlich meist klein und brauchen besonders viel Zuwendung. Die Umwelt muss diese Zeichen deuten können und reagieren.

Kein Kind kommt böse und verhaltensauffällig auf die Welt. Machen Sie sich das immer wieder bewusst! Jedes Verhalten Ihres Kindes steht für etwas und hat eine Ursache, auch wenn diese

Liebe kann man nie zu viel geben

Schreiben Sie doch einmal auf, wann und in welcher Situation Sie das letzte Mal Ihr Kind gestreichelt, geküsst, gekitzelt oder auch gelobt und bestärkt haben. Können Sie sich gut erinnern oder müssen Sie lange nachdenken? Vielleicht wird in der Übersicht schnell deutlich, dass es schon viel zu lange – Tage oder gar einige Wochen – her ist.

oft nicht gleich sichtbar ist. Ein Kind drückt mit seinem Verhalten immer etwas aus. Am Ende ist es meistens Liebe, Verständnis und echte Zuwendung, die ihm fehlen und die es mit seinem Verhalten einfordert. Die Erfahrung zeigt, dass die meisten Probleme zwischen Eltern und ihren Kindern daher kommen, dass sich Kinder ungeliebt, nicht verstanden und vernachlässigt fühlen.

Schlafende Gefühle wecken

Wer seine Kinder lieben will, muss sich über seine eigenen Gefühle klar werden. Elternliebe ist oft ganz verborgen unter all dem Alltagsfrust und -ärger. Irgendwie kommt sie den Eltern und der Familie manchmal abhanden, diese Verbundenheit, die ganz am Anfang immer da war. Es ist schwer, die eigenen Elterngefühle wieder zu spüren und zuzulassen. Es gibt dafür keine Patentlösung, man muss sich herantasten. Eltern müssen lernen, positive Gefühle zuzulassen, um wieder Nähe zu ihrem Kind herstellen und Liebe ausdrücken zu können.

Nehmen Sie sich Zeit. Versuchen Sie sich zu erinnern, wie es war, als Sie schwanger waren. Sicher war alles neu, und es gab auch Momente, in denen Sie sich unsicher fühlten. Was aber ist mit den schönen Erinnerungen? Waren Sie nicht auch voller Vorfreude und Neugier auf Ihr Kind? Versuchen Sie sich zurückzuversetzen und mal ausschließlich den schönen Gefühlen nachzuspüren.

Wenn Sie es schaffen, Ihrem Kind uneingeschränkt zu vermitteln: »Ich liebe dich, so wie du bist«, dann geben Sie ihm das Allerbeste mit, was Eltern ihren Kindern überhaupt nur mitgeben können: Selbstsicherheit und Geborgenheit.

Wenn dabei auch Ängste oder negative Gefühle hochkommen, versuchen Sie diese nicht auf Ihr Kind zu beziehen. Ihr Kind kann nichts für eine schwierige Geburt. Nehmen Sie sich ruhig Zeit so viel Sie brauchen und lassen Sie sich nicht stören. Blicken Sie zurück auf schöne Momente mit Ihrer Familie. Denn die gab es sicherlich – Sie haben sie nur vergessen.

Schließen Sie die Augen und gehen Sie auf eine innere Reise: Wie haben sich die schönen Augenblicke angefühlt? Lassen Sie diese Gefühle in sich auferstehen. Wenn Sie alleine nicht weiterkommen, dann lassen Sie sich weiterhelfen. Oft ist es hilfreich, negative Gefühle und Erfahrungen in einer Beratung einzuordnen und verstehen zu lernen.

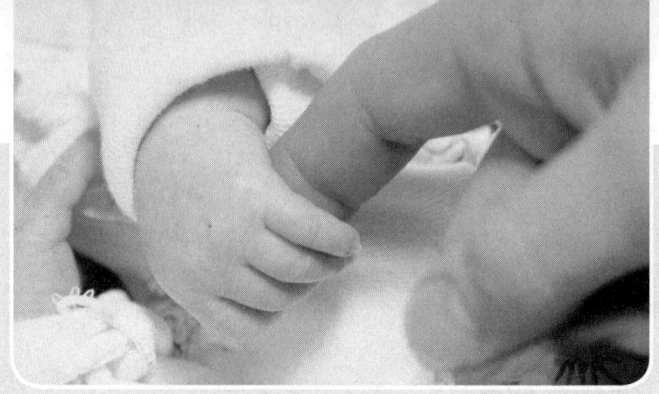

Warum Kinder Nähe brauchen

Körperliche Nähe und Kuscheln sind für Kinder lebensnotwendig. Sie bekommen Reize, um ihre Fähigkeiten zu entwickeln. Ohne körperliche Zuwendung kann ein Kind sich nicht normal entwickeln, weder körperlich noch geistig.

Dabei ist es egal, ob von einem kleinen Jungen oder einem kleinen Mädchen die Rede ist. Kinder wollen kuscheln. Es stimmt nicht, dass Jungen weniger Kuscheleinheiten wollen oder brauchen als Mädchen. Auch im Schulalter brauchen alle Kinder Zärtlichkeiten und Zuwendung. Das hört nie auf, der Kontakt verändert sich nur.

- **Wichtig ist dabei:** Das Kuscheln muss auch von den Kindern ausgehen. Windet sich ein Kind aus einer Umarmung, dürfen Eltern das nicht als Ablehnung sehen, sondern einfach nur als Wunsch, jetzt wieder mehr körperliche Distanz zu haben. Kinder sagen so: »Stopp, hier ist meine Grenze!« Das müssen Erwachsene dann auch akzeptieren.

- **Strafen Sie nie mit Liebesentzug!** Zum Beispiel: »So habe ich dich nicht mehr lieb.« Wichtig ist dennoch, dass Sie authentisch bleiben und die Ebenen nicht vermischen. Wenn Sie gerade einen Konflikt haben, dann kuscheln Sie nicht, sondern lösen Sie diesen. Wenn Sie kuscheln, dann fangen Sie nicht an zu streiten.

- **Körperliche Nähe** schafft Sicherheit, Geborgenheit und Vertrauen. Mit jeder Umarmung signalisieren Sie Ihrem Kind: »Ich kann dich halten und stärken. Ich liebe dich. Ich bin für dich da.« Es erfährt von Anfang an die wichtige Botschaft: »Ich bin wertvoll!« So entwickeln Kinder Sicherheit und können offener auf neue Dinge zugehen, weil sie von zu Hause das Vertrauen mitbringen.

- **Seien Sie Vorbild:** Kuscheln Sie mit Ihrem Partner oder Ihrer Partnerin vor den Kindern. Was Sie vorleben, werden Ihre Kinder nachmachen.

- **Ein erstaunlicher Effekt:** Elterliche Streicheleinheiten in Form von Kuscheln oder auch Lob und Anerkennung fördern die Produktion von Endorphinen. Diese körpereigenen Substanzen wirken wie Glückshormone und vermitteln Kindern ein Gefühl der Zufriedenheit und motivieren. Außerdem stärken sie das Immunsystem des Kindes.

Das Kind mit anderen Augen sehen

Versuchen Sie, Ihr Kind in einem neuen Licht zu sehen: Nicht als Gegenüber, das mit Ihnen streitet und Sie »nur ärgern will«. Ihr Kind ist ein kleiner Mensch, der Sie braucht, von Ihnen abhängig ist und Ihnen ganz nahe steht. Und vor allem: Es liebt Sie vorurteilsfrei – egal ob Sie erfolgreich, schön, klug, reich oder sonstwie besonders oder auch nicht besonders sind. Und so wie Ihr Kind Sie auch dann liebt, wenn Sie müde, muffig und schlecht gelaunt sind, so braucht Ihr Kind das auch von Ihnen. Ein Kind muss immer wissen: »Egal was ich tue, meine Eltern lieben mich.« Das ist für Kinder das Wesentliche.

Ihr Kind will nur eins: von Ihnen geliebt werden

Wenn es Eltern gelingt, diese Gefühle der bedingungslosen Liebe wieder zu erwecken und ihren Sohn oder ihre Tochter mit anderen Augen zu sehen, sind sie auf dem besten Wege, ihrem Kind das zu geben, was es am allermeisten braucht: ihre Liebe.

Kindern, die zu wenig Liebe erfahren, fällt es später meist ebenfalls schwer, liebevoll mit den eigenen Kindern umzugehen. Wenn zum Beispiel ein Mädchen Ablehnung von der eigenen Mutter erlebt, ist das eine schmerzhafte Erfahrung, die das gesamte Leben prägen kann. Wenn sie nicht bis zum eigenen Muttersein überwunden wird, kann sich diese Geschichte eins zu eins wiederholen. Das bedeutet dann, dass die Frau beginnt, unbewusst ihre eigene Tochter abzulehnen, so wie sie selber abgelehnt wurde. Wichtig ist dann, sich dessen bewusst zu werden, die eigene Erziehung zu hinterfragen und die Zusammenhänge zu erkennen und zu verstehen. Erst wenn das geschehen ist, kann die Mutter ihrem eigenen Kind wieder näherkommen. Wenn Eltern erkennen und verstehen, können sie verändern.

Unterstützung von außen

Sollten Sie tatsächlich einmal nicht mehr weiterwissen, gibt es neben den amtlichen offiziellen therapeutischen Stellen eine Vielzahl von Einrichtungen, die bei Problemen auch anonym helfen können. Dazu zählen die Kinderschutzzentren, aber auch Beratungsstellen für Kinder, Jugendliche, Eltern, Frauen und Familien. Auch die Kirchen, die Arbeiterwohlfahrt, der Deutsche Paritätische Wohlfahrtsverband, das Rote Kreuz und die Jugend- und Sozialämter bieten Beratungsmöglichkeiten an. Diese Beratung ist freiwillig, anonym und kostenlos (siehe auch Seite 29ff.).

Mama mag mich nicht mehr?

Eines der schlimmsten Dinge, die Eltern ihren Kindern antun können, ist ihnen ihre Liebe zu entziehen. Der Ausspruch: »Wenn du jetzt nicht schlafen gehst, hat Mama dich nicht mehr lieb« ist eine fatale Drohung. Für einen Erwachsenen mögen solche Sätze nur Worte sein und nicht so böse klingen, für ein

Kind sind sie katastrophal. Denn Ihr Kind nimmt Sie und Ihre Aussagen ernst.

Eltern sind der Halt des Kindes in dieser Welt und in diesen Jahren – und die Angst, die Liebe der Eltern zu verlieren, ist das Schlimmste, was einem Kind passieren kann! Auch Zurückweisungen wie: »Lass mich, ich mag jetzt nicht neben dir sitzen« gehören in den Bereich des Liebesentzugs und der Ablehnung. Damit stoßen Sie das Kind, das Ihre Nähe sucht, von sich weg.

Desinteresse und Demütigung

Desinteresse kann bei Kindern auch als Liebesentzug ankommen: Das Kind erzählt vom Kinobesuch, die Mutter hört weg, fällt ihm ins Wort. Sie nimmt das Kind nicht wahr und ist nicht bereit, an seinem Erleben teilzuhaben. Wenn Sie gerade keine Zeit haben, dann ist es besser, dem Kind genau das zu sagen und sich für einen späteren Zeitpunkt zum Austausch über das Erlebte zu verabreden.

Demütigungen sind eine extreme Form, Liebe zu verweigern. Ein Beispiel: Ihr Kind kann sich, obwohl Sie es schon hundertmal mit ihm geübt haben, immer noch nicht alleine die Schuhe zumachen. Und Sie schreien es an: »Ja, bist du denn zu blöd dazu!« Ihr Kind, das sich eben noch bemüht hat, wird ganz klein. Und fühlt sich so, wie es eben genannt wurde: »zu blöd dazu«. Dabei ist es höchstens ein bisschen ungeschickt und braucht einfach Zeit, alles zu lernen. Und vielleicht ist einfach die Motorik noch nicht so weit. Sie jedenfalls sind bei einem

Liebesentzug: Tun Sie das Ihrem Kind nicht an

Auch wenn Sie sauer sind, weil Ihre Kinder gerade das Wohnzimmer auseinandernehmen und sich aufführen wie kleine Wirbelwinde: Kinder sind hochsensibel. Sie haben sich (zum Glück) noch kein dickes Fell zugelegt und sind daher sehr verletzlich und offen für alles. Einfach noch unverdorben und ursprünglich. Kinder reagieren daher auf die kleinsten Stimmungsschwankungen und Veränderungen ihrer Bezugspersonen.

solchen Ausspruch nichts als ungeduldig und ungerecht. Unterlassen und vermeiden Sie solche Reaktionen. Statt Erniedrigung braucht Ihr Kind Ihre Hilfe. Sie sollten weiterhin geduldig mit Ihrem Kind üben und sich klarmachen, dass auch Sie nicht sofort alles konnten und Unterstützung gebraucht haben.

Wenn Eltern jedoch einmal in einem Moment der Überforderung oder Gereiztheit ungerecht waren, dann sollten sie nicht den Kopf in den Sand stecken. Entschuldigen Sie sich in einer ruhigen Minute bei Ihrem Kind und sagen Sie ihm, warum Sie so reagiert haben und dass das nichts mit ihm zu tun hatte. Verstehen Sie die Kränkung. Und noch was: Eigene Schwächen einzugestehen ist eine große Stärke und bringt Sie und Ihr Kind näher zusammen.

Anerkennung

Lob und Anerkennung sind die schönste Art, Liebe zu zeigen und für eine gute Entwicklung von Kindern grundlegend. Eltern sollten ihrem Kind vermitteln, dass es einzigartig ist. Loben Sie zum Beispiel ausgiebig das Bild, das es aus dem Kindergarten mitbringt, zeigen Sie Begeisterung für die Schulnote, freuen Sie sich, dass es den Tisch abgedeckt hat … Ihr Kind gibt sein Bestes – und Sie erkennen das durch Lob, Mitgefühl und Begeisterung an.

Wichtig hierbei ist, dass Sie das, was Sie sagen, auch wirklich spüren: Mein Kind gibt sein Bestes. Denn ein aufgesetztes Lob ist kein Lob! Das spüren die Kinder sofort. Vielleicht hilft es Ihnen auch hier wieder, sich in Ihre eigene Kindheit zurückzuversetzen. Denn: Nichts war schlimmer als ein müder Blick der Eltern, wenn man sich so richtig Mühe gegeben hatte, oder?

Es gibt immer einen Anlass für Lob

Ihr Kind hat bei einer Kleinigkeit geholfen? Es hat einen Nachmittag lang Verständnis für den kranken Bruder gehabt und ihn mit versorgt? Es hat über längere Zeit in seinem Zimmer gespielt, ohne mit den Geschwistern zu streiten? Nehmen Sie nichts als »selbstverständlich« hin – beachten und bestärken Sie

Ihr Kind auch und gerade für Kleinigkeiten. Tun Sie das nicht ständig und nicht übertrieben, aber häufig und immer wieder. Es geht darum, dass Sie Ihr Kind wahrnehmen und sich ihm zuwenden. Seien Sie aufmerksam, achtsam und interessiert. So spürt Ihr Kind Ihre Liebe und fühlt: Ich werde beachtet und angenommen. Es ist sich sicher, gemocht zu werden und muss sich nicht auf den Kopf stellen, um von Ihnen wahrgenommen zu werden und Aufmerksamkeit zu erhalten.

Motivieren Sie Ihr Kind

Suchen Sie mit Ihrem Kind nach Aktivitäten, bei denen es zeigen kann, was in ihm steckt. Ihr Kind ist auf dem Spielplatz kaum vom Klettergerüst zu bekommen? Wie wäre es dann mit dem Sportverein um die Ecke? Ihre Kleine entzückt die Verwandtschaft mit kleinen Ständchen? Musikalische Früherziehung wird mittlerweile in fast allen Städten angeboten. Der Nachwuchs ist kreativ? Ihre Küche ist der perfekte Ort für eine Dauerausstellung seiner Meisterwerke.

Ein Kind braucht Motivation, ohne jedoch überfordert zu werden. Geben Sie ihm Aufgaben, die es bewältigen kann – den Tisch decken, den Müll hinausbringen, der kleinen Schwester die Schuhe anziehen. Kinder helfen gerne mit, denn sie werden wie alle Menschen gerne gebraucht – und sie haben ein Recht darauf, dass wir Erwachsene ihr Tun wahrnehmen und sie dafür loben und bestätigen.

Sicherheit

Neben der emotionalen Sicherheit vertraut ein Kind auch im Alltag darauf, dass die Eltern es vor körperlichen Schäden schützen. Es verlässt sich darauf, dass die Eltern aufpassen, dass ihm nichts geschieht und es zum Beispiel nicht an der Autobahnraststätte vergessen wird oder auf dem Spielplatz nicht vom Klettergerüst fällt. Natürlich braucht ein Kind auch Freiheiten, und Eltern müssen lernen, ihr Kind auch loszulassen. Dennoch müssen Kinder das Gefühl haben, dass die Eltern ihm Sicherheit geben. Hier geht es um das Finden der Mitte zwischen Behüten und Loslassen.

Leben Sie kindersicher?

Sicherheit fängt zu Hause an. Jedes Jahr verunglücken allein in Deutschland knapp 350 000 Kinder bei Unfällen im Haushalt. Die meisten dieser Unfälle hätten mit einfachen Vorsichtsmaßnahmen verhindert werden können. Machen Sie sich ans Werk:

● **Kindersicherungen** (Fachhandel) gehören auf alle Steckdosen. Kabel sollten befestigt werden oder unterm Teppich verborgen laufen, sonst können sie zur gefährlichen Stolperfalle werden. Tipp: Lassen Sie vom Elektriker einen FI-Schalter einbauen; der unterbricht den Stromkreis bei Kurzschluss bereits nach 0,03 Sekunden. Das kann das Leben Ihres Kindes retten und ist wirklich ein absolutes Muss.

● **Scharfe Möbelkanten** können durch spezielle Kunststoffaufsätze in unterschiedlichen Größen abgepolstert werden (Babyfachhandel). Regale sollten immer fest an der Wand verschraubt werden. Auch das Kinder-Hochbett sollte angedübelt und mit einem Absturzgitter – am besten knapp 40 Zentimeter hoch! – nachgerüstet werden (Babyfachmarkt).

● **Niemals ein Fenster offen stehen lassen,** wenn Kinder in der Nähe und unbeaufsichtigt sind! Im Fachhandel gibt es Verriegelungssysteme. Wichtig: Den Schlüssel sicher aufbewahren! Bringen Sie keine Jalousien mit Kordeln an und keine Gardinen, an denen sich Kleinkinder hochziehen können. Schwere Gegenstände (Blumentöpfe) dürfen nicht auf der Fensterbank stehen.

● **Scharfkantige Heizkörper** sind eine Gefahrenquelle. Bauen Sie eine Verkleidung davor oder »tarnen« Sie sie durch ein davor gestelltes Möbelstück. Das gilt auch für Gaseinzelöfen, die so heiß werden können, dass ein Kind, wenn es unglücklich dagegen fällt, schwere Verbrennungen davontragen kann.

● **Das Kinderzimmer** sollte ein absolut kindersicherer Raum sein, denn hier halten sich Kinder oft ohne direkte Aufsicht auf. Grundsätzlich gilt: je weniger herumsteht, desto besser. Das Kinderbett sollte kippsicher sein und keine scharfen Ecken und Kanten haben. Wählen Sie Schränke ohne Klappmechanismus und versehen Sie Schubladen mit entsprechenden Sicherheitshaken (Fachhandel). Regale müssen fest an die Wand gedübelt werden. Schwere Gegenstände gehören nicht auf höher gelegene Regalbretter. Egal, wie kindersicher das Kinderzimmer ist: Lassen Sie kleine Kinder nie lange unbeaufsichtigt und schauen Sie öfter nach ihnen.

● **Betrachten Sie Ihre Wohnung** einmal mit Kinderaugen, indem Sie auf den Knien oder der Hocke durch die Zimmer gehen. Was würde Sie reizen? Was verführt zum Klettern? Zum Ziehen? Wo kann man sich stoßen?

● **Auch bei der Kinderbekleidung spielt Sicherheit eine Rolle.** Jacken und Anoraks sollten keine Kordeln an den Kapuzen haben. Auch bei Sweatshirts und Pullovern oder Hosen sind am Bund oft Schnüre angebracht, die auf dem Spielplatz zur gefährlichen Falle werden können, wenn die Kinder zum Beispiel beim Rutschen damit hängen bleiben.

Emotionale Sicherheit

»So sicher wie in Mutters Schoß« und »Sie sorgte wie eine Mutter für mich« – Kalenderweisheiten, die auf den Punkt bringen, was Kinder von ihren Eltern brauchen: Körperliche und seelische Sicherheit. Sie sind das Sicherheitsnetz Ihrer Kinder. Sie sind der Mensch, den Ihr Kind am meisten liebt – machen Sie ihm klar: Ich bin für dich da, egal was du tust. Und ich bin auch dann für dich da, wenn ich gerade nicht in deiner Nähe bin. Ich sorge dafür, dass du nicht alleine bist, wenn du Hilfe brauchst.

Wenn Sie weggehen, schleichen Sie sich nicht einfach aus dem Haus! Kündigen Sie es Ihrem Kind vorher an, verabschieden Sie sich liebevoll und sagen Sie, wohin Sie gehen und wann Sie zurück sein werden. Hinterlassen Sie eine Telefonnummer, die Ihr Kind im Notfall anrufen kann.

Und wenn Sie es in den Kindergarten bringen, gehen Sie auf Augenhöhe Ihres Kindes, umarmen und küssen Sie es zum Abschied und sagen Sie, wann genau Sie es wieder abholen. Wenn es weint, dann bleiben Sie noch zwei Minuten länger, bis Sie es der Erzieherin in die Arme drücken und mit sicherer Stimme sagen: »Mama geht jetzt, du bist nicht allein, und ich bin bald wieder bei dir.«

Vertrauen

Schließen Sie die Augen und erinnern Sie sich an die ersten Tage mit Ihrem Kind zurück: an den Geruch des Neugeborenen, seine entspannte Haltung, sein Urvertrauen in die Welt und in die Menschen, die es umgeben – ein Urvertrauen, das alle Kinder von Geburt an haben, und das ein kostbares Gut ist, das erhalten werden muss. Denn nur dann wächst im Kind das Gefühl heran, dass die Welt in Ordnung ist – das ist die Grundvoraussetzung dafür, dass Kinder sich in der Welt zurechtfinden und stabile Beziehungen aufbauen können.

Vertrauen lernen

Nur ein Kind, das Vertrauen in andere hat, lernt, sich selbst zu vertrauen. Ihr Kind muss sich immer darauf verlassen können, dass Sie an seiner Seite stehen. Kinder, die sich auf ihre Eltern verlassen können, entwickeln ein gesundes Selbstvertrauen. Sie sind bindungs- und beziehungsfähig und im Vertrauen auf sich und die anderen dazu fähig, ihren Mann oder ihre Frau zu stehen. Unsere Aufgabe ist es, sie dabei zu unterstützen, mit alltäglichen Vertrauensbeweisen und kleinen Gesten.

So schaffen Sie Vertrauen

- **Nehmen Sie die Meinung Ihres Kindes ernst** – auch wenn Sie anderer Ansicht sind. Sprechen Sie mit ihm darüber: »Findest du nicht auch …?« Scheuen Sie sich aber auch nicht zu sagen: »Ich weiß, du denkst anders darüber, ich entscheide jedoch so, weil …!« Beziehen Sie Stellung und begründen Sie Ihre Meinung auch.

- **Erkennen Sie auch kleine Erfolge an.** Und wenn etwas schiefgeht, machen Sie kein Drama daraus. Sehen Sie es als Erfahrung, aus der gelernt werden kann, und vermitteln Sie diese Einstellung auch Ihren Kindern. Hilfreich: Erzählen Sie Ihren Kindern eigene Erlebnisse und lachen Sie gemeinsam über das, was schiefgelaufen ist.

- **Lachen Sie Ihr Kind niemals aus,** und machen Sie sich auf keinen Fall über Ihr Kind lustig, wenn es etwas falsch gemacht hat. Die dabei entstehenden Verletzungen können tief gehen.

- **Behüten Sie Ihr Kind nicht übermäßig.** Vertrauen Sie auch in seine Fähigkeiten und gestehen Sie ihm altersgemäße Freiräume zu. Lassen Sie zum Beispiel Ihr vierjähriges Kind ruhig bei einem Freund übernachten, wenn es sich das wünscht. Auch, wenn Sie Bedenken haben. Sprechen Sie sich gut mit den anderen Eltern ab und seien Sie erreichbar. Unterstützen Sie Ihr Kind, damit der erste Übernachtungsbesuch zum Erfolgserlebnis werden kann. Zeigen Sie keine Panik, wenn Ihre Kinder auf dem Klettergerüst turnen, auch wenn es schwerfällt. Bleiben Sie ruhig und bewundern Sie das Können und den Mut Ihrer Kinder. Vergessen Sie nicht: Kinder sind unterschiedlich. Wenn ein Kind »schon« laufen kann, muss das andere das noch lange nicht können.

Lassen Sie Ihr Kind Dinge selbst tun, die seinem Alter (und Ihrem Gefühl) entsprechen: Beim Bäcker die Brötchen ordern, im Kaufhaus an der Kasse ein Spielzeug bezahlen, zum Laden um die Ecke gehen, um Milch zu kaufen (sofern Ihr Kind sich im Straßenverkehr bewegen kann). Geben Sie immer die nötige Unterstützung, damit Ihr Kind vor allem Erfolgserlebnisse hat.

Sagen Sie Ihrem Kind auch, dass Sie ihm vertrauen. Egal, ob es darum geht, das Zimmer aufzuräumen oder pünktlich aus der Disko wiederzukommen.

Lassen Sie Ihr Kind an Familienentscheidungen teilhaben. Planen Sie gemeinsam die Aktivitäten für das Wochenende. Blättern Sie zusammen in Urlaubskatalogen und bepflanzen Sie gemeinsam den Balkon. Aber Vorsicht: Überfordern Sie das Kind dabei nicht! Manchmal kann eine Entscheidung der Eltern auch hilfreich sein. Und: Dinge, die nur die Eltern betreffen, sollten die Eltern auch alleine entscheiden.

Schutz von Körper und Seele

Eine Ohrfeige hat noch niemandem geschadet? Ein Klaps auf den Po, Mund oder Hände gehört einfach dazu? Nein, nein und nochmals nein! Schlagen Sie niemals und schon gar nicht ein Kind! Für mich gibt es keinen Unterschied zwischen Klaps und Schlägen. Eltern zeigen mit solchen Gesten ihre Hilflosigkeit und schaden ihrem Kind. Experten gehen davon aus, dass allein in Deutschland jedes Jahr knapp eine Million Kinder misshandelt werden, etwa 250 Kinder sterben jährlich an den Folgen solcher Verletzungen!

Gewalt hat viele Gesichter

Absolut tabu ist auch schon der »kleine« Klaps auf den Po, auf die Hände oder die Finger! Das ist nichts anderes, als eine hilflose Geste von Erwachsenen. Sie können das besser – sprechen Sie mit Ihren Kindern und schlagen Sie nicht einfach zu. Wie soll das Kind sonst lernen, dass man sich nicht mit Gewalt durchsetzt? Aber: Nicht nur der, der sein Kind schlägt, tut ihm Gewalt an. Seelische Verletzungen hinterlassen vielleicht keine sichtbaren blauen Flecken, aber tiefe Narben in der Psyche.

Was Sie NIE tun dürfen

- Schlagen

- einen Klaps auf Po, Hand oder Finger geben

- Ihre körperliche Überlegenheit den Kindern gegenüber missbrauchen

- die Abhängigkeit Ihrer Kinder ausnutzen

Jedes Kind hat ein Anrecht auf eine gewaltfreie Erziehung, das hat die Bundesregierung im November 2000 im »Gesetz zur Ächtung der Gewalt in der Erziehung« festgeschrieben. Seitdem ist es offiziell verboten, sein Kind zu schlagen, zu verspotten, einzusperren, tagelang anzuschweigen oder zu misshandeln.

Alle Kinder haben ein Recht darauf, angemessen versorgt, gefördert und geschützt zu werden. Für diese Grundrechte gibt es seit 1989 ein weltweites Grundgesetz: Die UN-Konvention über die Rechte des Kindes.

Körperliche und seelische Gewalt

Körperliche Gewalt: Schütteln, schlagen, würgen, treten … Eltern, die ihre Kinder schlagen, sind häufig Menschen, die in verschiedenen Situationen – ausgelöst durch das Kind oder auch unglückliche Zusammenhänge in ihrem Leben – überfordert sind. Eine Lösung kann sein: Wenn Sie bei sich irgendwelche Anzeichen von Überforderung entdecken (Hilflosigkeit, Angst oder

Wut, mit der Sie nicht mehr umgehen können), suchen Sie Hilfe. Lassen Sie es nicht so weit kommen, dass jemand verletzt wird.

Adressen finden Sie im Info-Kasten auf Seite 29ff. Es ist keine Schande sich Hilfe zu holen, im Gegenteil. Es ist der erste Schritt, denn damit helfen Sie Ihrem Kind und sich selbst.

Auch wenn Sie in Ihrer Umgebung überforderte Eltern oder geschlagene Kinder sehen, sprechen Sie sie vorsichtig an! Schauen Sie nicht weg, sondern mischen Sie sich ein und bieten Sie Ihre Hilfe an!

Seelische Gewalt: Ablehnung, Demütigung, Spott und Hohn … Kindesmisshandlung hat viele Gesichter. Auch Liebesentzug und Desinteresse am Kind gehören dazu. Grausam ist auch, einem Kind bewusst Angst zu machen – zum Beispiel durch Geschichten vom »bösen Mann«, der es holen kommt, wenn es nicht endlich still ist. Oder auch extremere Bedrohungen: »Ich sperre dich in den Keller« oder »Ich schlage dich windelweich, wenn du nicht machst, was ich sage«. Solche Aussprüche sind deutliche Zeichen von Überforderung der Erwachsenen und dringender Grund zum Nachdenken. Für Kinder ist es schlimm, solche Dinge angedroht zu bekommen. Sie nehmen Worte bitterernst, die vielleicht nur so dahingesagt wurden. Sie verletzen Ihr Kind, wenn Sie es einsperren, wüst beschimpfen oder vor Wut ausrasten. Unterlassen Sie das und holen Sie sich Hilfe. Ihr Kind liebt Sie – und kann Ihre überschäumenden Emotionen nicht verarbeiten. Ein Kind kann so ein Verhalten nicht einordnen und verstehen. Eltern sind es sich und ihrem Kind schuldig, sich erwachsen und angemessen zu verhalten und nicht einfach zuzuschlagen!

Kinder müssen guten Umgang miteinander lernen

Auch Kinder untereinander können sich durch Worte oder Taten massiv verletzen und unter Druck setzen. Eltern sind Vorbilder und dürfen selber nicht so handeln. Helfen Sie Ihrem Kind, stehen Sie ihm zur Seite, wenn Altersgenossen ihm Leid antun. Das heißt nicht, dass Sie sich in jede Auseinandersetzung Ihres Kindes mit einem Freund einmischen – aber es bedeutet, genau hinzusehen und zu merken, ab wann ein eigentlich »harmloser« Streit brisant wird und ab wann Sie als Eltern gefragt sind.

Bieten Sie dem Kind Unterstützung an. Sprechen Sie mit ihm und gehen Sie manchmal einfach mit und spielen Sie Streitschlichter. So erfahren die Kinder, wie Konflikte ohne Gewalt gelöst werden können.

Kinder brauchen Erwachsene als Vorbilder, und sie brauchen Anregungen, wie sie ihre Konflikte ohne Gewalt lösen können. Erwachsene müssen vorleben, dass auch erbitterte Streithähne miteinander ins Gespräch kommen können und es immer einen besseren Weg gibt als Gewalt.

Wer erzieht mit?

Teilt die soziale Umwelt (Verwandte, Freunde, Schule und Kindergarten) eigentlich Ihre Auffassung der Erziehung? Oder kommt da schon mal der »böse Wind«, um das Kind, das nicht schlafen will, fortzutragen? Und wie stehen zum Beispiel die

Großeltern zum berühmten »Klaps auf den Po«? Sind Sie mit allem einverstanden? Wenn nicht oder falls Sie Zweifel haben, sprechen Sie das auf jeden Fall bei den entsprechenden Personen an und versuchen Sie sich zu erklären. Beziehen Sie hier ganz klar Stellung und schützen Sie Ihr Kind. Machen Sie zum Beispiel Ihren Eltern klar: Ihr Kind wird nach Ihren Grundsätzen erzogen und Sie fühlen sich voll verantwortlich. Einen Klaps, egal von wem, werden Sie nicht dulden.

Kinder erzählen es nicht immer, wenn sie von jemandem aus ihrem Umfeld (zum Beispiel in der Schule) gequält werden – sie neigen dazu, sich mitschuldig zu fühlen und schamhaft zu schweigen. Doch sie senden »Hilfesignale«: Achten Sie darauf, ob Ihr Kind sich plötzlich verändert. Wenn es auf einmal Schlafstörungen, Angstzustände und Alpträume hat, wieder ins Bett macht, plötzlich ständig lügt, auffallend schlechte schulische Leistungen zeigt oder auch nur stiller wird. Seien Sie aufmerksam. Suchen Sie immer das Gespräch mit den Menschen und Institutionen, mit denen Ihr Kind zu tun hat, denn Sie sollten wissen, wer diese Menschen sind. Gehen Sie ganz behutsam und mit Liebe und viel Gefühl auf Ihr Kind zu. Bieten Sie Ihre Hilfe an und machen Sie ihm klar, dass es sich auch in solchen Fällen hundertprozentig auf Sie verlassen kann.

Wie man lernt, Gefühle auszudrücken

- **Gefühle akzeptieren:** Oft sind Eltern die Gefühle Ihrer Kinder unbequem oder peinlich. Das ist verständlich, aber nicht hilfreich. Schieben Sie die Gefühle von Kindern nicht einfach beiseite. Äußerungen wie: »Ist doch nicht so schlimm!« sind typische Reaktionen von Erwachsenen. Kinder reagieren verwirrt oder wütend, wenn ihre Empfindungen nicht ernst genommen werden. »Ich verstehe, dass du sauer bist« ist meist hilfreicher, aber auch schwieriger, denn es setzt voraus, dass Sie das Kind wirklich verstehen. Außerdem brauchen Sie viel Geduld und Stärke, um die vermeintlichen Angriffe Ihres Kindes nicht persönlich zu nehmen.

- **Gefühle nachempfinden:** Dazu müssen Sie Ihren Kindern genau zuhören und sich in die Situation einfühlen. Logische Erklärungen helfen meist nicht, wohl aber das Gefühl, ernst genommen zu werden.

- **Gefühle benennen:** Kinder haben viele Gefühle. Wenn Sie sich in die Situation Ihres Kindes versetzen, wird Ihnen schnell klar, welche Emotion gerade am stärksten ist. Benennen Sie sie.
Ein Beispiel: Ihr Kind droht einem anderen Schläge an. Anstatt es ihm nur zu verbieten, könnten Sie auch

feststellen: »Du bist aber richtig wütend, der muss dich ja geärgert haben! Trotzdem: Wir müssen andere Wege der Auseinandersetzung finden. Schlagen ist keine Lösung. Sprich mit ihm.«

- **Gefühle zum Ausdruck bringen:** Zuallererst müssen Sie die Gefühle Ihres Kindes zulassen. Es soll darüber reden, sie zeigen und sich auch abreagieren dürfen. Dazu gehört auch: zu weinen, zu schimpfen und albern zu sein. Setzen Sie nur Grenzen, wenn Ihr Kind dabei andere oder sich selbst verletzt. Ihr Kind soll lernen, seine Gefühle wahrzunehmen, zu benennen und auszudrücken, ohne dabei jemanden zu verletzen.
An oberster Stelle steht natürlich: Kinder müssen verstehen, dass Konflikte nicht durch Schlagen, Treten, Beißen und Schimpfwörter gelöst werden können. Auch hier gilt wieder: Seien Sie Vorbild!

Förderung

Alle Kinder kommen neugierig, kreativ und lernbegeistert auf die Welt und haben verschiedenste Anlagen und Begabungen. Es liegt an den Eltern, diese vielfältigen Talente zu Tage zu fördern und den Kindern so Chancen zu eröffnen.

Fördern Sie die Begabungen Ihres Kindes. Aber achten Sie hierbei auf die verschiedenen Bereiche und fördern Sie nicht wahllos alles. Achten Sie auch darauf, nicht zu überfordern. Nicht jedes Hobby braucht einen Verein.

● **Musik:** Singen Sie mit Ihren Kindern. Geben Sie den Liedern in alltäglichen Ritualen Platz (zum Beispiel Gutenachtlied). Tanzen und bewegen Sie sich gemeinsam mit den Kindern, machen Sie mit Alltagsgegenständen (Töpfen, Gläsern, Reis im Becher) Musik. Lassen Sie Ihr Kind mit Spaß ein Instrument lernen – die örtliche Musikschule berät sie gern.

● **Experimente:** Kinder wollen den Dingen auf den Grund gehen. Sie möchten alles in die Hand nehmen, befühlen und ausprobieren. Es gibt nichts, womit Kinder nicht spielen können. Alltägliche Dinge interessieren Kinder oft mehr als aufwändiges Spielzeug – egal ob es sich dabei um Ihren Einmachtopf oder alte Dosen handelt. Aber nicht nach dem Motto: »Messer, Gabel, Scher' und Licht sind für kleine Kinder nicht!«, denn auch diese Dinge wollen erforscht sein. Aber lassen Sie Ihre Kinder bei gefährlichen Expeditionen nicht alleine, sondern forschen und untersuchen Sie gemeinsam.

● **Kreativität:** Malen und basteln Sie. Kinder lieben es, mit Farben und Formen zu experimentieren. Kaufen Sie einen Wasserfarbenkasten und festes Papier, ziehen Sie sich alte Kittel über und los geht's. Sammeln Sie Weinkorken, Blätter, Toilettenpapierrollen, Blätter, Äste, Zweige … Mit ein bisschen Fantasie und Klebstoff können daraus wahre Wunder werden. Hierbei darf es ruhig klecksen und kleben. Nehmen Sie sich viel Zeit dafür, denn auch das Aufräumen ist aufwändig.

● **Alltag:** Beziehen Sie die Kinder in Ihren Alltag ein: Teig kneten, Blumen pflanzen und gießen, Geschirr spülen, das Auto waschen, den Tisch decken, zusammen einkaufen. Alles alltägliche Aktivitäten, in die Sie Ihr Kind mit einbeziehen können. Zusätzlich lernt es auch noch etwas. Helfen Sie Ihren Kindern und achten Sie darauf, ihnen nicht zu schwierige Aufgaben zu geben. Das Erfolgserlebnis sollte im Vordergrund stehen.

● **Fragen:** Auch wenn es manchmal lästig ist – das Beantworten der gefühlten tausend Warum-Fragen am Tag ist Förderung pur für Ihren Nachwuchs, bringt Erkenntnisse und schafft die ideale Basis für das spätere Lernen in der Schule. Beantworten Sie diese Fragen nie nur in einem Satz, sondern machen Sie ein richtiges Thema daraus.

● **Nachahmung:** Kinder ahmen ihre Eltern nach und lernen durch Vorbilder. Wenn Sie also ein Hobby haben – Fahrrad-

Fordern, nicht überfordern

Ganz wichtig: Förderung heißt zwar auch fordern, aber niemals überfordern. Schön, wenn andere Kinder mit vier Jahren ihren Namen schreiben können, aber kein Muss für Ihre Kleinen.

Kinder sind unterschiedlich und keine Roboter, sondern junge Menschen mit den verschiedensten Begabungen. Und wenn ein Kind seine Kreativität nicht beim Malen ausleben kann, dann ist es vielleicht beim Tanzen oder Klettern mit Begeisterung dabei.

Wichtig ist, dass Sie Ihr Kind und seine Fähigkeiten erkennen und schätzen. Und fordern, nicht überfordern. Finden Sie die richtige Mischung zwischen Fördern und Fordern speziell für Ihr Kind.

fahren, Lesen, Fußball, Autorennen –, lassen Sie Ihr Kind daran teilhaben und genießen Sie Ihre Zeit und Ihr Hobby gemeinsam.

- **Spielen:** Spielen ist mehr als nur ein Zeitvertreib, denn es bietet unendlich viele Lernmöglichkeiten. Spielen bedeutet forschen und lernen, die Welt erfahren durch viel Nachahmung und mit viel Kreativität. In ihrem Spiel begreifen Kinder die Welt. Sie drücken ihre Gedanken und Gefühle aus. Erlebtes wird nachgespielt, und in der »Spielwelt« können Kinder Pro-

bleme der Vergangenheit bewältigen, Gegenwart erleben und Zukunft planen. Kinder spielen ihren Alltag oft nach – hören Sie mal genau zu, wenn Ihre Tochter wieder zum Puppen-Kaffeeklatsch bittet. Und vergessen Sie nicht: Spielen ist zweckfrei, das heißt, im Spiel ist alles möglich und nichts unmöglich. Aussprüche von Eltern wie »Spiel doch mal ordentlich mit deinen Puppen!« sind also völlig unangebracht.

Lesen bildet

Laut der letzten PISA-Studie lesen nur noch 42 Prozent der Kinder aus Spaß. Vermutlich, weil diese Kinder nie erlebt haben, welche Freude es sein kann, ein Buch zu entdecken, und welche Abenteuer und wie viel Spaß zwischen zwei Buchdeckeln verborgen sein können.

● **Lesen ist die Grundlage des Lernens.** Lesen Sie den Kleinen vor, nehmen Sie die Großen mit in die Stadtbibliothek, um sich dort nach Herzenslust zusammen Lektüre auszuleihen. Und überprüfen Sie Ihr eigenes Leseverhalten. Wenn Kinder lesende

Eltern und Vorbilder haben, lernen Kinder, dass Bücher und Lesen zum Leben selbstverständlich dazugehören.

- **Schenken Sie Ihren Kindern Bücher.** Vorlesen und gemeinsam mit den Kindern Bücher anschauen bedeutet Nähe und Zuwendung. Wer vorliest, lässt seine Kinder teilhaben am Wissen und an der Erfahrung anderer Menschen.

- **Ein Buch eröffnet seinem Leser neue und spannende Welten.** Das lesende Kind durchlebt Abenteuer. Die Fantasie und Kreativität werden so gefordert und eingesetzt. Wortschatz und Fähigkeiten, sich auszudrücken, entwickeln sich besser, und die Konzentrationsfähigkeit steigt.

- **Wer liest, weiß mehr,** denn Lesen bildet und erweitert den Horizont. Ihr Kind erfährt mehr über andere Menschen, Länder, Sitten, und – das ist ganz wichtig – es eignet sich spielerisch-kreativ Wissen an. Egal ob Ihr Kind gerne Indianergeschichten oder Märchen liest, es erfährt dabei immer eine Menge.

Ein geregeltes Familienleben

Nichts ist für die Entwicklung von Kindern so entscheidend wie ihre Familie. Hier wachsen sie auf, hier verbringen sie ihre entscheidenden Jahre. Die Erfahrungen, die ein Kind in seiner Familie macht, prägen es für das ganze weitere Leben: seine Persönlichkeit, seine Werte, seine Vorstellungen darüber, was es heißt, Eltern, Mann, Frau, Mutter oder Vater zu sein.

Die Zauberworte Liebe und Verlässlichkeit

Ein geregeltes Familienleben bedeutet Zuneigung und Liebe der Erwachsenen und Verlässlichkeit der Beziehungen. Es bedeutet auch Anregungen, die der Kindesentwicklung entsprechen, zu fördern, zu begleiten und zu unterstützen. Es bedeutet ein Zusammenleben von Menschen, das friedlich und freundlich abläuft, in dem jedes Familienmitglied seinen Platz, seine Rechte und Pflichten hat und Rücksicht auch auf andere genommen wird.

Auch wenn Ihre Paarbeziehung in der Krise steckt oder Sie getrennt oder geschieden leben oder immer schon allein erziehend waren: Ihre Kinder haben ein Recht darauf, dass Sie als Eltern alles tun, damit das Familienleben nicht durch Hass und Zank vergiftet ist. Wenn Sie Auseinandersetzungen mit Ihrem

Partner führen, vermeiden Sie, das vor den Kindern zu tun. Das klappt sicher nicht immer, aber behalten Sie im Kopf, dass Streitigkeiten auf Kinder immer bedrohlich wirken. Kinder lieben eben beide Eltern gleich und wollen ihre Eltern als »Eines« erleben – und nicht zwischen ihnen stehen.

Beziehungskrisen meistern

Auch wenn Ihre Beziehung in der Krise steckt – denken Sie zuerst an Ihr Kind!

Wenn eine Ehe/Partnerschaft zerbricht, dann sollten die Eltern, wenn es um ihr Kind und seine Beziehung zu seinem Papa/seiner Mama geht, dazu in der Lage sein, die eigenen Gefühle außen vor zu lassen. Und statt vor dem Kind Schuldzuweisungen abzugeben wie »Die Mama ist eben doof«, sollten sie versuchen, vor dem Kind ein positives Gefühl zu zeigen und vermitteln: Du bist nicht schuld und: Du musst dich nicht zwischen uns entscheiden! Eltern sollten hier ganz im Sinne des Kindes denken: »Papa und Mama leben jetzt getrennt – aber wir lieben dich weiterhin. Und zwar alle beide. Und daran wird sich niemals etwas ändern. Das versprechen wir dir.«

Auch in einer Familie mit zwei Elternteilen hat das Kind ein Recht darauf, dass sich die Eltern um ein freundliches, liebevolles und respektvolles Miteinander bemühen. Ein lebendiges Familienleben eben. Das bedeutet neben einer hohen Anforderung an Sie auch Freude, Lebendigkeit und pralles Leben. Sie als Eltern haben die Pflicht, sich dem zu stellen.

Wege aus der Krise

Lassen Sie sich beraten, wenn Ihre Beziehung in einer Krise steckt. Hier finden Sie einige Paarberatungsstellen:

www.awo.org
Die Erziehungs-, Kinder-, Jugend- und Familienberatungsstellen der Arbeiterwohlfahrt (AWO) sind in einer Broschüre zusammengefasst. Diese können Sie unter dem oben stehenden Link herunterladen und finden so Hilfe in Ihrer Nähe. Nachfragen können Sie aber auch telefonisch oder schriftlich unter:

AWO Arbeiterwohlfahrt Bundesverband e.V.
Hausanschrift: Marie-Juchacz-Haus, Oppelner Straße 130, D-53119 Bonn
Postanschrift: Postfach 410163, D-53023 Bonn
Tel.: 0228/6685-0, Fax: 0228/6685-209
E-Mail: info@awo.org

www.caritas.de
Auch dieser Verband hilft Ihnen bei Eheproblemen.

Deutscher Caritasverband e.V.
Karlstraße 40, D-79104 Freiburg, Tel.: 0761/200-0

www.team-f.de
Sehr fundiert stellt sich das christlich orientierte Angebot des Team.F dar. Für Paare bietet es ein umfassendes Programm an. Anzuschauen unter:

TEAM.F – Neues Leben für Familien e.V.
Christliche Ehe- und Familienseminare
Honseler Bruch 30, D-58511 Lüdenscheid
Tel.: 02351/81686, Fax: 02351/80664

www.profamilia.de
Eine gut bekannte Stelle, die auch per E-Mail hilft, ist Pro
familia. Die Beratungsstellen in den einzelnen Bundes-
ländern erfahren Sie beim Bundesverband:

pro familia
Deutsche Gesellschaft für Familienplanung, Sexual-
pädagogik und Sexualberatung e.V. – Bundesverband
Stresemannallee 3, D-60596 Frankfurt/Main
Tel.: 069/639002, Fax: 069/639852
E-Mail: info@profamilia.de

Rituale

An der Fleischtheke gibt es immer ein Stückchen Fleischwurst,
und im Kindergarten findet jeden Morgen ein Morgenkreis statt.

Kinder lieben und brauchen Rituale. Es ist für sie eine weitere
Möglichkeit, Vertrauen zu ihrer Umwelt zu gewinnen. Bestimmte Dinge wiederholen sich, das gibt Sicherheit. Rituale
bieten Halt und Stabilität in der Familie und stärken das Zusam-
mengehörigkeitsgefühl. Sie sind immer wiederkehrende Hand-

lungen, die den Tag und überhaupt die Zeit gliedern. Sie wirken so ähnlich wie Jahreszeiten: Sie kehren immer wieder, wiederholen sich mit ihren typischen Gerüchen, dem Wetter und den Geräuschen. Wir können uns auf sie verlassen. Das tut gut. Rituale sind so alt wie die Menschheit, und gerade heute, in einer Zeit, die so viele Anreize bietet und mit so vielen Veränderungen aufwartet, sind sie nötiger denn je.

Rituale – das muss gar nichts Großes sein: Vielleicht, dass man am Wochenende immer gemeinsam kocht oder immer beim Abendessen zusammen die Tageserlebnisse bespricht. Kinder freuen sich auf Rituale – gerade wenn der Tag mal nicht so schön war, tut es Kindern gut, wenn zum erwarteten Zeitpunkt das gewohnte Gutenachtlied kommt. Gerade Rituale am Abend sind wichtig: Sie vermitteln Wärme und Geborgenheit.

Rituale prägen unsere Kinder auch für die Zukunft. Es ist gut, wenn wir alte Rituale haben, auf die wir aufbauen können und die wir auch an kommende Generationen weitergeben können.

3

Eltern sein –
wie geht das?

Eltern zu sein heißt nicht nur, Kinder zu haben. Es bedeutet Liebe zu geben, miteinander zu reden, Anerkennung zu zeigen und Vorbild zu sein.

Liebe zeigen

Suchen Sie den Körperkontakt: Kuscheln Sie mit Ihren Kindern, so lange sie es mögen und so oft es geht. Küssen Sie sie am Morgen, am Mittag, am Abend, streicheln Sie ihnen einfach zwischendurch über den Kopf. Beziehen Sie Zärtlichkeiten selbstverständlich in den Alltag mit ein, zum Beispiel beim Anziehen. Das Wichtigste jedoch: Es darf nicht mechanisch sein – bleiben Sie echt und spüren Sie wirklich in diesem Augenblick, wie sehr Sie Ihr Kind mögen.

Respektieren Sie seinen Wunsch nach Nähe, aber auch seinen Wunsch nach Distanz.

Liebe ist mehr als ein Wort

Liebe, das ist nicht nur der Moment, wenn Eltern »Ich hab dich lieb« sagen. Liebe lässt sich in sehr vielen kleinen Dingen ausdrücken: wenn sie sich mit Ihren Kindern beschäftigen, wenn sie sich an den Fortschritten der Kinder freuen, wenn sie mit ihnen Eis essen gehen oder ins Schwimmbad.

Liebe bedeutet für Kinder auch und vor allem, dass Eltern zeigen: Ich spiele mit dir, ich höre dir zu, du bist mir wichtig. Ein Give-me-five, eine Umarmung, ein »Das hast du toll gemacht« oder vielleicht ab und an mal ein Zuzwinkern. Und das alles mit-

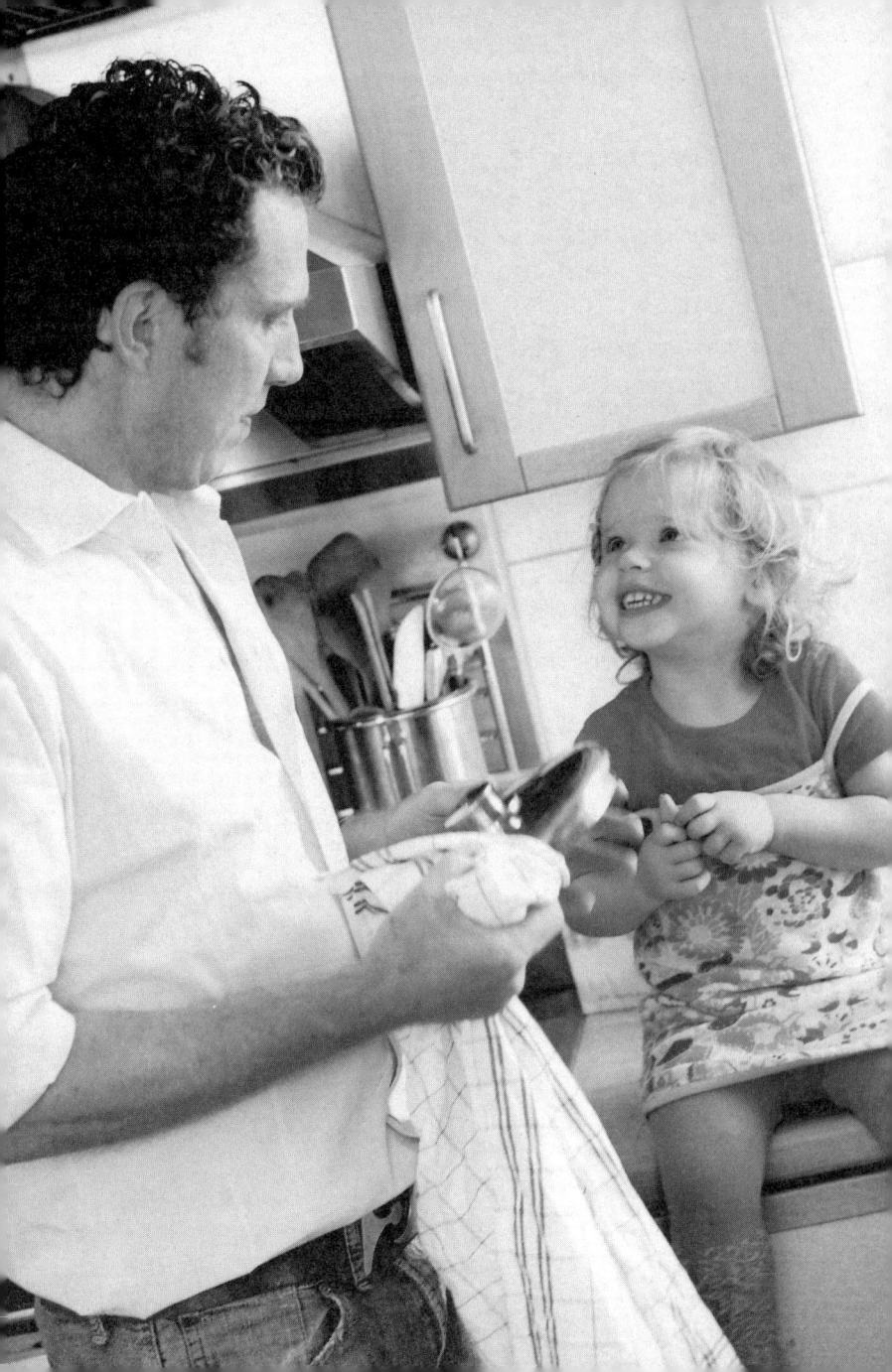

ten im Alltag, ganz selbstverständlich und einfach so. Sehr wichtig sind auch die Mama-Papa-Kind-Kuschelstunden, am besten direkt vor dem Schlafengehen. Eltern müssen verstehen, dass sich Liebe in vielen kleinen Dingen ausdrückt – *Ein Kind fühlt* und jede Familie muss die Form finden, die *nicht immer das, was* zu ihr passt. Spüren Sie in sich hinein und *die Eltern gerade* finden Sie heraus, wie Liebe sich für Sie *fühlen.* und die Ihren anfühlen könnte.

So können Sie Liebe zeigen

Ein kleines Glossar für Anfänger:

- In die Augen schauen
- Streicheln
- Massieren
- Schmusen
- Hand auflegen
- Küssen
- Durch das Haar fahren
- Auf den Schoß nehmen
- In den Arm nehmen

- Zusammen herumtoben
- Drücken
- Kuscheln
- Einfach nur anschauen
- Reden
- Zuhören
- Zulächeln
- Vorlesen
- Gemeinsam lachen

Miteinander reden

Ein Hauptproblem vieler Familien besteht darin, dass sie zu wenig miteinander reden. Die Partner schweigen sich an, und auch mit den Kindern wird oft zu wenig gesprochen. Meist scheint das Reden einfach zu anstrengend geworden zu sein. Die Familien verbringen nur wenig Zeit miteinander und fühlen sich zu erschöpft zum Austausch.

»Was soll man denn mit Kindern reden?«, fragen sich vielleicht auch einige Eltern. Das ist ganz einfach zu beantworten: Eigentlich können und sollten wir mit Kindern über alles (kindgerecht) sprechen. Über das Blümchen am Wegrand, die Katze des Nachbarn, den Kindergarten, kleine und große Begebenheiten aus dem Alltag der Eltern und dem Alltag des Kindes. Sie können das üben, indem Sie einfach mal beginnen zu erzählen, was Sie heute erfreut und was Sie geärgert hat.

Auch ernste Themen wie Traurigkeit oder Verlust sollten nicht ausgespart, sondern altersgerecht mit Kindern besprochen werden. Darüber zu reden ist besser, als solche Themen totzuschweigen.

Schweigen verboten!

Manchmal fühlen sich Eltern durch ihre Kinder bis zur Weißglut gereizt. Sie wissen sich dann oft nicht anders zu helfen, als die Kinder mit Schweigen und Ignoranz zu strafen. Tun Sie das nicht! Für Kinder ist die Kommunikation mit den Personen, die sie lieben, lebenswichtig. Menschen zu ignorieren und zu schweigen, statt Dinge auszusprechen und zu klären, ist eine Form der Demütigung, die für Kinder nicht angebracht ist und nicht ohne Folgen bleiben wird. Außerdem stellt dies – und das machen sich viele Eltern nicht deutlich – eine extreme Form von Aggression dar.

Wenn Eltern Kinder über einen längeren Zeitraum hinweg anschweigen und ignorieren, vermittelt sich dem Kind: »Meine Mama und mein Papa interessieren sich nicht mehr für mich. Ich bin Luft für sie. Überhaupt gar nicht mehr vorhanden. Meine Eltern haben mich nicht mehr lieb. Ich bin nicht wichtig.« Kinder sprechen dann ins Leere, gegen eine Wand, haben keinen Ansprechpartner mehr und sind verwirrt und traurig.

Lassen Sie Ihr Kind an Ihrem Leben teilhaben

Machen Sie sich klar, dass Ihr Kind sich für Sie und Ihr Leben interessiert. Genauso braucht es Ihr Interesse für das, was es denkt und erlebt, was es geärgert oder gefreut hat. Miteinander leben bedeutet Reden, Kommunikation, Auseinandersetzung und das Teilen von Erlebnissen. Diese Dinge sind in einer Familie unverzichtbar.

Jeder Mensch verarbeitet Erlebnisse leichter, wenn er mit einem anderen darüber spricht. Das gilt für große Menschen wie für kleine. Frei nach dem alten Spruch: »Geteilte Freude ist doppelte Freude.«

Gemeinsame Unternehmungen, Erlebnisse, vorgelesene Geschichten und auch gemeinsam angesehene Fernsehsendungen und Filme bieten viel Gesprächsstoff zum gemeinsamen Lachen, Nachdenken, Erinnern – einfach zum Reden.

Richtig loben

Mal ganz ehrlich: Vergessen wir nicht sehr häufig, Kinder in dem zu bestärken, was sie gut gemacht haben? Gerade die Kleinigkeiten des Alltags gehen doch oft unter. Hilfreich ist jedoch eine andere Einstellung.

Ein Beispiel: Ihr Kind schüttet beim Abendessen aus Versehen seinen Milchbecher um. Schimpfen Sie nicht gleich und halten Sie keine langen Vorträge. Dem Kind ist der Vorfall schon unangenehm genug. Wischen Sie gemeinsam die Milch auf und loben Sie später Ihr Kind dann auch dafür, wie schön es schon essen kann. Diese Bestätigung spornt das Kind an und lässt den kleinen Vorfall schnell vergessen.

Loben Sie mehr, als Sie ermahnen – schauen Sie auf das, was Ihnen an Ihrem Kind gefällt. Lob spornt an, führt zu Selbstbewusstsein und macht stolz. So heben Sie die Stärken des Kindes hervor. Bestätigung zeigt dem Kind: Du bist auf einem guten Weg. Das gibt Orientierung und Kraft, noch mehr zu wagen.

Betrachten Sie die Welt mit Kinderaugen

Betrachten Sie die Welt mal durch die Augen Ihrer Kinder: Ein kleiner Mensch, umgeben von vielen Großen, von denen er selbst abhängig ist und die scheinbar alles haben und alles kön-

nen. Ein kleiner Mensch, auf den täglich hunderte von Wahr-nehmungen einstürmen: bedrückende, bedrohliche, schöne, unbegreifliche. Ein kleiner Mensch mit einem kleinen Selbst-wertgefühl, das erst noch wachsen muss – und von seinen El-tern und der Umwelt gefördert werden muss.

Vermitteln Sie Ihrem Kind in vielen Situatio-nen: *So wie du bist, bist du gut und genau richtig.* Ein Kind, ein Mensch, dessen Eltern an ihn glauben, kann auch an sich glauben und schöpft aus sich selbst heraus die Kraft, sein Leben zu meistern. So können Sie Ihr Kind positiv fürs Leben prägen und stark machen.

Loben Sie mit Worten und Taten

Ein echtes Lob kommt aus dem Bauch. Sie freuen sich über einen Fortschritt Ihres Kindes und bringen das zum Ausdruck: »Toll, dass du den Tisch ganz alleine gedeckt hast!« Manchmal sind auch Gesten wichtig: Klopfen Sie Ihrem Kind mal anerken-nend auf die Schulter, halten Sie die Daumen in die Höhe oder zwinkern Sie anerkennend.

Aus ihrem Wortschatz streichen sollten Eltern Sätze wie: »Na bitte, geht doch!« und »Warum nicht gleich so?«, denn daraus

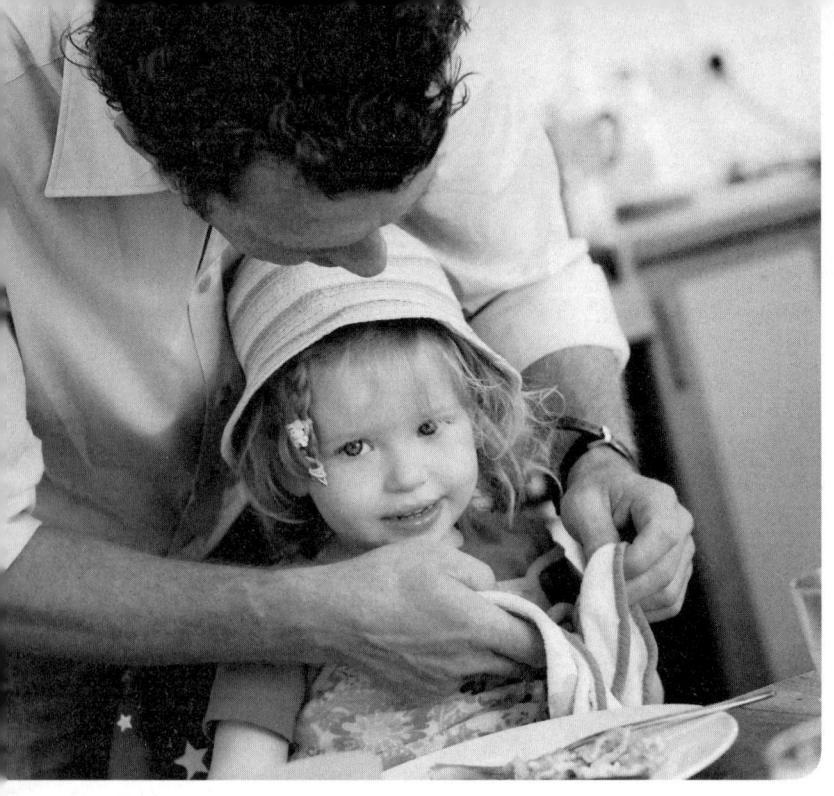

klingt kein Lob, sondern der blanke Vorwurf. Solche Sätze stellen keine Ermutigung für das Kind dar, sich mal wieder zu bemühen, sondern wirken entmutigend und abwertend.

Sagen Sie ganz genau, was Sie mit Ihrem Lob meinen. Wenn Sie sagen: »Mensch, das Auto auf deinem Bild ist aber ganz besonders gut gelungen!«, freut sich Ihr Kind bestimmt weit mehr als über das eher pauschale Lob: »Schön gemalt«. Denn wenn Sie das Auto auf dem Bild erwähnen, haben Sie sich das Bild ja genau angesehen, und das bedeutet für das Kind schon Anerkennung für sich.

Vorbild sein

Eltern sind das Vorbild ihrer Kinder. Durch das, was Eltern vorleben, lernen Kinder Verhaltensweisen, Einstellungen und Gefühle kennen – weit mehr als durch alle anderen Erziehungsmaßnahmen. Vorbild zu sein ist eine große Verantwortung, die Mütter und Väter sich bewusst machen sollten. Das bedeutet natürlich nicht, dass Eltern immer perfekt sein müssen. Im Gegenteil: Kinder sollen ja auch spüren, dass wir alle nur Menschen und nicht ohne Fehler sind.

Kinder lernen durch Nachahmung

Kinder übernehmen das, was man ihnen vorlebt. Sogar ein Neugeborenes streckt schon die Zunge heraus, wenn es ihm vorgemacht wird. Es liegt an Ihnen, Ihren Kindern die Bedeutung von Dingen wie Rücksichtnahme, Geduld, Vorsicht, Regeln und Liebe zu zeigen. Idealerweise passiert das selbstverständlich und nebenbei im Alltag. Denn Vorbild zu sein bedeutet nicht, sich ständig zu kontrollieren. Es bedeutet, sich seiner Rolle bewusst zu sein und das eigene Verhalten und die Einstellung zu den Dingen immer wieder zu reflektieren und zu überprüfen.

Hilfreich dabei ist auch, sich über seine eigenen Gefühle immer aufs Neue klar zu werden. Zum Beispiel: Das Kind kommt mal wieder zu spät nach Hause. Die Eltern kochen vor Wut. Jetzt sollten sie jedoch nicht ausrasten und losbrüllen, sondern erst mal innehalten, durchatmen … und dann deutlich machen: »Ich habe mir Sorgen um dich gemacht. Ich ärgere mich sehr darüber, wenn ich mich nicht auf dich verlassen kann!«

Drücken Sie Ihre Gefühle aus, statt einfach nur Ihrer Wut Luft zu machen und Vorträge zu halten. Ihr Kind lernt so, auch seine eigenen Empfindungen besser einzuschätzen. Sie zeigen ihm, dass Gefühle wie Wut, Angst oder Ärger etwas sind, dem man nicht hilflos ausgeliefert ist.

Vermitteln Sie positive Werte

Nutzen Sie die Chance, Ihrem Kind positive Werte und Einstellungen zu vermitteln – kurz das, was Ihnen wichtig ist. Es wird seine eigene Persönlichkeit entwickeln, seine eigenen Ansichten und Verhaltensweisen, aber es braucht von Ihnen eine Orientierung. Denken Sie über verschiedene Themen nach. Zum Beispiel: Bin ich optimistisch, was meinen Alltag und die Zukunft angeht? Wie sieht mein Konsumverhalten aus? Bin ich gerecht? Wie behandle ich meinen Partner? Wie liebevoll ist unser Umgang miteinander? Das sind alles wichtige Punkte. Kinder übernehmen zunächst einmal alles ungefiltert von Erwachsenen.

Eltern müssen nicht »perfekt« sein, um für ihre Kinder ein gutes Vorbild abzugeben. Im Gegenteil, wenn Erwachsene zu ihren Schwächen stehen können, zeigen sie Kindern, dass man nicht vollkommen sein muss.

Wie geht das eigentlich, Vorbild zu sein?

Eltern geben auch ohne große Worte ein Vorbild ab. Kinder lernen Rücksichtnahme am besten, wenn sie beobachten, wie ihre Eltern anderen helfen. Wenn Mutter und Vater gerne teilen, werden auch die Kinder das leichter können. Wenn Eltern Mitgefühl für andere haben und das mit den Kindern besprechen, werden auch die Kinder Empathie entwickeln können. Wenn Eltern sich wohl in ihrer Haut fühlen und ein gutes Selbstwertgefühl haben, spüren Kinder dies und können das auch übernehmen.

Diese Liste lässt sich endlos fortsetzen: Die Haltung zum Geldausgeben, der Ordnungssinn, die Selbstbeherrschung, all das können Kinder von Mutter und Vater erfahren. Wichtig ist, dass Eltern über all diese Dinge mit den Kindern diskutieren, denn auch wenn Eltern Vorbild sind: Kinder sind doch alle unterschiedlich. Da können die Eltern manchmal noch so ordentlich sein, das Kind hat seine eigene Ordnung. Oder umgekehrt: Die Eltern sind totale Chaoten, und das Kind ist äußerst penibel.

Durch das eigene Vorbild auch einen Lebensstil weiterzugeben, ist eine schöne Art, Kindern etwas von sich mitzugeben. Dazu müssen Sie sich natürlich bewusst machen, was für ein Vorbild Sie sind oder was für eines Sie eigentlich sein wollen.

Mit Ihrem Vorbild schaffen Sie schon einmal eine gute Grundlage.

4

Mit Kindern durch den Alltag

Ein geregelter Tagesablauf, der die Bedürfnisse aller Familienmit- glieder berücksichtigt, bringt Struktur in den Alltag und schafft Freiräume – so läuft alles leichter!

Den Alltag organisieren

Im Film und in der Werbung sieht es immer so einfach aus: eine perfekt aussehende Mutter, hübsche, artige Kinder, ein aufgeräumtes Haus, eine glückliche Beziehung, kurz: ein vollkommenes Familienleben. Auch bei den anderen Familien – in der Nachbarschaft, in der Verwandtschaft, im Freundeskreis – scheint alles immer wie am Schnürchen zu klappen, nur in der eigenen Familie nicht.

Nur Ihre Kinder wollen nicht ins Bett gehen? Nur Ihre Kinder flippen im Supermarkt aus? Nur Ihre streiten sich ständig? Und nur Ihre geben nichts lieber als Widerworte? Trösten Sie sich: denn das ist nur Ihr eigener Eindruck. In den anderen Familien sieht es hinter der Fassade ganz ähnlich aus. Es gibt keine perfekten Kinder – und wir wollen ja auch keine Kinder, die einfach nur funktionieren!

Der Alltag jedoch muss irgendwie funktionieren. Viele Eltern wissen nicht mehr, wie sie mit Ihren Kindern gut durch den Alltag kommen können. Sie sind überfordert, und der persönliche Freiraum ist so eingeschränkt, dass das Familienleben nur noch Chaos und Stress bedeutet.

Dieses Kapitel gibt Anregungen, wie Eltern ihren Alltag so organisieren können, dass alles ein bisschen leichter geht. Die Umsetzung jedoch wird weiterhin an jedem Einzelnen selber liegen. Haben Sie Geduld mit sich. Es wird nicht immer alles gleich

so klappen, wie Sie sich das vorstellen. Wichtig ist jedoch, dass Sie verschiedene Dinge ausprobieren und sich Anregungen holen. Hierbei unterstützt dieses Kapitel.

Warum Organisation wichtig ist

Ein organisierter Alltag ist für Kinder und Eltern wichtig. Für Kinder bietet er die Grundlage für Sicherheit und Vertrauen und die Basis für eine gute Entwicklung. Kinder brauchen einen geregelten Tagesablauf. Das strukturiert den Alltag und schafft Freiräume. Kinder können gut damit umgehen, wenn jeden Tag etwa zur gleichen Zeit das Gleiche passiert. Zum Beispiel: Aufstehen um 7 Uhr, Frühstück um 7.30 Uhr, Mittagessen um 12 Uhr, Abendessen zwischen 17.30 und 18 Uhr. Dann kuscheln, Zähne putzen und ins Bett. Die Kinder können sich so an Rituale gewöhnen, sich darauf verlassen und sie lieben lernen.

Regeln und Rituale sind nicht ewig gültig und müssen immer wieder überdacht werden.

Auch für Eltern ist ein gut strukturierter Alltag, in dem die Bedürfnisse aller Familienmitglieder ihren Platz finden, grundlegend, denn er ermöglicht erst ein erfülltes Familienleben. Jede Familie muss die Organisation ihres Alltags auf die eigenen Bedürfnisse abstimmen und entwickeln. Sicher gehören Regeln, Grenzen und klare Strukturen dazu. Eltern sollten jedoch wachsam sein und den Alltag auch – und vor allem – mit Liebe und Zuwendung füllen, nicht nur mit sturer Organisation.

Schauen Sie ruhig auf die Uhr

Im Alltag mit Kindern entsteht oft das Gefühl, der Tag müsse mindestens 48 Stunden haben, um allen Anforderungen gerecht zu werden. Meist werden die eigenen Bedürfnisse hinten angestellt und dann ganz leicht vergessen. Doch der Alltag mit Kindern fordert Eltern sehr – Eltern können nur gut gelaunt, liebevoll und freundlich sein, wenn sie auch auf sich selber achten und ausgeruht sind.

Die Mahlzeiten und Schlafenszeiten sind die Eckpunkte, um die sich alles dreht. Oft wird die Bedeutung der Mahlzeiten unterschätzt. Für das Frühstück sollte immer Zeit eingeplant werden, auch wenn die Eltern selber nicht frühstücken. Für Kinder ist es wichtig, etwas im Bauch zu haben, bevor sie aus dem Haus gehen – und wenn es nur ein warmer Kakao ist.

Die Eckpunkte (Essens- und Schlafenszeiten) sollten nach den persönlichen Erfordernissen der Familie festgelegt werden. Wenn die Eltern zum Beispiel um 7 Uhr aus dem Haus müssen, sollten sie nicht nur das Frühstück um 6.15 Uhr einplanen, sondern auch noch genügend Zeit zum liebevollen Wecken. Wenn die Kinder um 12.30 Uhr von der Schule nach Hause kommen, ist es sinnvoll, das Mittagessen um 13 Uhr einzuplanen. Auch für eine kurze Ruhepause für alle sollte Zeit sein. Eltern sollten sich und auch den Kindern diese Pause gönnen. Wenn die Familie früh aufstehen muss, sollten die Kinder genügend Schlaf bekommen – daher muss der Abend früh ab 17.30 Uhr beginnen. Es ist günstig, wenn Kinder schon beim Abendbrot den Schlafanzug anhaben. Nach dem Abendessen darf nicht zu viel Zeit bis zum Zubettgehen vergehen, sonst kann wieder zu viel Unruhe entstehen. Zähneputzen und Vorlese- und Schmusezeit sollten vor dem Schlafengehen eng aufeinanderfolgen. Also keine wilden Spiele mehr! Kinder brauchen zum Schlafengehen eine ruhige Atmosphäre. Und wenn die Kinder ab 19 Uhr im Bett sind, dann gehört der Abend den Eltern, dem Partner und den Hobbys.

Wichtig: Es sollte immer genug Zeit eingeplant werden, also schauen Sie ruhig auf die Uhr! Ein Abendessen braucht Vorbereitung und dauert mindestens eine halbe Stunde, das Zubettgeh-Ritual dauert unter Umständen sogar noch länger. Wer nicht genug Zeit einplant, setzt sich selber unter Druck. Und es ist nicht gut, wenn Kinder angetrieben und durch den Tag gehetzt werden müssen. Und das nur, weil die Erwachsenen nicht auf die Uhr geschaut und die Zeit schlecht geplant haben. Probieren Sie aus, welcher Zeitplan für Ihre Familie passt. Jede Familie hat ihr eigenes Modell, das sie erst finden muss.

Kinder und Eltern verändern und entwickeln sich. Dementsprechend verändert sich auch das Miteinander.

Alle Familienmitglieder haben verschiedene Bedürfnisse, die berücksichtigt werden sollten. Jedes Kind braucht feste Zeiten, in denen es Mama und/oder Papa für sich ganz alleine hat: zum Baden, Lesen, Spielen.

So wie die Kinder feste »Papa«- und »Mama«-Zeiten brauchen, so wollen auch Eltern feste Auszeiten für sich, in denen sie etwas für sich tun können. Sprechen Sie sich untereinander ab und unterstützen Sie sich gegenseitig.

Struktur gibt Kindern Sicherheit

Kinder brauchen die Gewissheit, dass jeden Tag ungefähr zur selben Zeit dieselben Dinge stattfinden. Dadurch werden die Abläufe für das Kind durchschaubar. Für Kinder ist es oft schwierig, mit plötzlichen Änderungen im Tagesablauf umzugehen, und Eltern machen es sich so unnötig schwer.

Kinder, die in einer Familie mit einem geregelten Tagesablauf aufwachsen, wissen, wann sie was erwarten können. Sie wissen zum Beispiel, dass es morgens nach dem Aufstehen und Anziehen Frühstück gibt. Oder: Mittags nach dem Kindergarten oder der Schule steht das Mittagessen an, dann ist erst mal Pause. Auch das Spielen am Nachmittag und vielleicht das gemeinsame Abendbrot können so zu etwas Selbstverständlichem werden.

Diese immer gleiche Alltagsroutine macht Kindern begreifbar, was als Nächstes passiert. Wenn solch eine Routine fehlt und praktisch alles zu jeder Zeit passieren kann, werden Kinder unsicher, sie kommen nicht zur Ruhe. Sie fühlen sich verloren und allein gelassen. Manche Kinder reagieren darauf mit Trotz oder mit Anfällen von Jähzorn, manche mit Hyperaktivität und Nervosität. Vermitteln Sie den Kindern Sicherheit, indem Sie immer ankündigen und mit ihnen besprechen, was im Tagesablauf als Nächstes folgt. Das gehört unbedingt dazu.

Verlässlichkeit ist ein Muss

Kinder müssen sich auf ihre Eltern verlassen können. Stellen Sie sich vor, Sie machen eine Wanderung durch den Himalaja, und der Bergführer sagt bei jeder Gelegenheit: »Keine Ahnung, wie es jetzt weitergeht ...« Wir würden uns unsicher und ängstlich fühlen. Das Beispiel kann auf Eltern und Kinder übertragen werden. Eltern sind so etwas wie wissende Bergführer ihrer Kinder durch den Tag hindurch. Sie führen sie organisatorisch durch den Tag. Kinder müssen sich dabei auf ihre Eltern verlassen können. Das können sie am besten, wenn Sie einen erwartbaren, immer wiederkehrenden Alltag mit allen Regeln, Grenzen, Abläufen und Zuständigkeiten für Ihre Familie im Sinne der Kinder festlegen.

Ein Alltag, der sich ständig verändert, in dem es keine Essenszeiten und geplanten Pausen gibt, bedeutet nur Stress für Eltern und Kinder. Optimal ist ein geplanter Tagesablauf, der selbstverständlich geworden ist und neben den Mahl- und Schlafenszeiten für gemeinsame Unternehmungen und für die individuellen Bedürfnisse aller Familienmitglieder Raum lässt (siehe auch »Tagesplan«, Seite 147ff.).

Die Elternfreizeit

Eltern beschreiben ihren Alltag häufig so: Das Leben besteht nur noch aus Babybrei, Kindergeschrei und Durcheinander. Die Freunde kennt man nur noch aus hektischen Telefonaten. An Ausgehen abends ist gar nicht zu denken. Irgendwie fehlt etwas. Ein kleiner Trost: Es wird immer wieder solche Zeiten geben – da müssen alle Eltern durch. Doch es kann leichter werden, wenn Eltern gelassen sind.

- **Elternsein ist nicht alles!** Schaffen Sie Raum für Ihre Interessen. Reden Sie mit Ihrem Partner/Ihrer Partnerin oder Freunden darüber. Mit Hilfe von Babysittern und Verwandten lässt sich sicher etwas organisieren.

- **Kindertausch:** Nehmen Sie das Kind einer Freundin einmal in der Woche an einem Vormittag, und dafür nimmt Sie Ihres. Nutzen Sie diese Zeit dann auch wirklich für sich und nicht für den Haushalt.

- **Versuchen Sie, kurze tägliche Auszeiten zu organisieren** (zum Beispiel die Mittagspause). Zeit, die Sie für sich nutzen. Größere Kinder können lesen, kleinere Bücher anschauen. Mit Geduld und Zeit können Kinder das verstehen und die Ruhepause akzeptieren.

- **Organisieren Sie ein kinderfreies Wochenende.** Oma und Opa können ab und zu einspringen, ältere Kinder können auch mal bei Nachbarn oder Freunden übernachten.

Planen Sie einen Abend nur mit Ihrem Partner ein. Kino, Ausgehen, Tanzen. Die teure Variante ist dabei der Babysitter – aber vielleicht helfen Oma und andere Verwandte oder die beste Freundin aus? Und wenn Weggehen gar nicht geht, nun, auch zu Hause kann es mit Kuscheln, Film Anschauen, Reden und Diskutieren gemütlich sein.

Die meisten Paare reden zu wenig miteinander. Machen Sie es anders und nehmen Sie sich Zeit füreinander – ganz bewusst und immer wieder. Hilfreich kann am Anfang eine Verabredung hierzu sein. Hören Sie zu und erzählen Sie einander, was Sie bewegt. Und sprechen Sie auch ausführlich über die Kinder. Teilen Sie Sorgen und Freuden.

Achten Sie dabei auch aufeinander: Wie gehen Sie und Ihr Partner miteinander um? Fühlen Sie sich wohl und vom anderen anerkannt? Tauschen Sie sich darüber aus und sprechen Sie über Gefühle – auch, wenn es ungewohnt ist. Beziehungsprobleme gehören zum Familienleben dazu. Scheuen Sie sich nicht und suchen Sie Beratung. Bei größeren Beziehungsproblemen kann es enorm hilfreich sein, wenn eine neutrale Person vermittelt (siehe Kasten Seite 79f.).

Vorab: Verteilen Sie Aufgaben!

Einer alleine sollte nicht den ganzen Familienalltag stemmen. So weit Eltern zu zweit sind, sollten die Aufgaben verteilt sein, denn Familienarbeit ist auch Teamarbeit. Wenn Sie zu zweit sind, geht hier einiges leichter. Verteilen Sie die anfallenden Aufgaben und überlegen Sie gemeinsam: Wie lassen sich die wichtigsten Dinge so aufteilen, dass jeder etwas dazu beiträgt – und jeder seinen Freiraum hat. Wenn ein Elternteil beruflich sehr eingespannt ist, wird es kraftraubender und anstrengender. Aber auch hier können Eltern sich gegenseitig unterstützen. Zum Beispiel mit der Übernahme des Wochenendeinkaufs oder der Versorgungsarbeit am Wochenende mit den Kindern. Wichtig ist, dass Mutter und Vater sich absprechen, sich unterstützen wollen und sich gegenseitig in dem, was sie tun, achten.

Anziehen und umziehen

Viele Eltern fragen ihr Kind: »Was möchtest du heute anziehen?« Vor allem für kleinere Kinder ist das kein Beleg für Toleranz und Geduld, sondern ein Zeichen von Unsicherheit. Eltern stiften damit möglicherweise schon frühmorgens Unruhe und überfordern so häufig die Kinder. Unterstützen ist besser: Legen Sie nach Wetter und Witterung geeignete Anziehsachen zurecht, am besten schon am Abend vorher – das spart Zeit und raubt nicht schon am Morgen Nerven vor dem Schrank. Ältere Kinder haben Mitspracherecht, denn irgendwann sollen sie das ja auch selbstständig können. Zunächst jedoch reicht es, wenn sie zwischen zwei oder drei Kombinationen wählen dürfen, die zur Jahreszeit passen.

Baumwolle oder Synthetik?
Achten Sie auch auf die Materialien. Viele Kinder reagieren zum Beispiel auf Wolle, sie beginnen sich heftig zu kratzen. Baumwolle hingegen wird fast immer vertragen. Auch mit bestimmten Chemiefasern ist Vorsicht geboten, häufig führen sie zu einem unangenehmen Körperklima, weil sich darunter die Hitze staut.

Zusätzlicher Stress wird minimiert, wenn schon beim Kleidereinkauf die Vorlieben der Kinder berücksichtigt werden. Ihre Tochter liebt Rosarot? Dann kaufen Sie ihr nichts in Dunkelblau. Ihr Sohn findet Zahlen auf T-Shirts toll? Dann verzichten Sie auf lustige Bärchenmotive.

Wichtig: Seien Sie geduldig mit Ihrem Kind und planen Sie Zeit zum Aussuchen der Kleider ein. Nehmen Sie Probleme vorweg und erklären Sie Ihrem Kind beispielsweise schon am Abend vorher, dass es am nächsten Tag nichts mit Rosa wird, weil alles in der Wäsche ist.

Mitmachen lassen

Lassen Sie Ihr Kind aktiv am Anziehen teilnehmen. Sprechen Sie, während Sie Körperkontakt haben, mit ihm: »So, jetzt in den anderen Ärmel schlüpfen!« Und vergessen Sie nicht, dass auch beim Umziehen Zeit für Streicheleinheiten und Kuscheln sein muss.

Ermuntern Sie Ihr Kind, sich selbst anzuziehen. Schon ein Zweijähriger kann vielleicht alleine in seine Schuhe schlüpfen. Probieren Sie es aus und nehmen Sie sich auch hier Zeit und verstehen Sie: Kinder brauchen geduldige Eltern – dann geht alles besser.

Für das morgendliche Anziehen muss genug Zeit eingeplant werden – ein Erwachsener kann sich flugs seine Kleider überwerfen, ein Kind nur gewissermaßen in Zeitlupe. Bleiben Sie anfangs dabei und unterstützen Sie aktiv.

Der nächste Schritt: Greifen Sie nicht gleich ein, wenn etwas nicht funktioniert, aber schimpfen Sie auch nicht. Im Gegenteil! Legen Sie das Augenmerk auf das, was schon gut klappt, und loben Sie: »Das hast du aber gut gemacht. Wie groß du schon bist!« Geben Sie auch beim Anziehen verbale Hilfestellungen, und sprechen Sie mit Ihrem Kind: »Jetzt den Hosenbund hochziehen. Genau, und dann den Reißverschluss zumachen! ... Richtig, das Schildchen gehört nach hinten.« Wenn das alles gut funktioniert, können die Eltern auch schon mal nur die Aufforderung zum Umziehen im Kinderzimmer geben, selber andere Dinge tun und anbieten: Wenn du Hilfe brauchst, dann sag Bescheid.

Körperpflege kinderleicht

So wie der Start in den Tag ist auch der abendliche Gang ins Badezimmer manchmal ein heikles Thema – wenn Kinder es verständlicherweise nicht einsehen wollen, dass der am Tag mühelos erworbene Schmutz jetzt mühsam abgeseift werden soll. Auch hier gilt: Gut planen und Vorbild sein. Nehmen Sie die Kinder mit ins Bad, wenn Sie sich waschen und die Zähne putzen.

Waschen und Baden

Immer Baden ist kein Muss und auch gar nicht so gut für die Kinderhaut. Eine Menge lässt sich auch mit dem Waschlappen entfernen. Viele Kinder baden gerne, andere haben Angst vor Wasser in den Augen. Hier ist Geduld gefragt! Praktisch ist eine Anti-Rutschmatte, damit die Kinder sicher sitzen. Lassen Sie das Badewasser nur bis zum Bauchnabel des Kindes in die Wanne ein. Wichtig: Kinder dürfen nie, wirklich nie alleine in der Badewanne sitzen! Bleiben Sie immer dabei und gehen Sie nicht aus dem Zimmer. Sogar Vierjährige sind schon in der Badewanne ertrunken! Der Kopf von Kindern ist unverhältnismäßig schwer, und wenn Kinder in der Wanne ausrutschen und der Kopf unter Wasser gerät, haben die Kleinen nicht die Kraft, ihn wieder zu heben. Also, nie ohne Aufsicht ein Badefest veranstalten!

Kinder lieben es, Spielsachen mit in die Badewanne zu nehmen. Das können Spielzeugboote, kleinere Figuren oder auch nur lustige Waschlappen sein, die mitbaden. Manche Kinder duschen lieber. Vielleicht mit Ihnen zusammen oder mit einem besonderen Duschgel. Probieren Sie es aus.

Zähneputzen

Das Kind kann viel selber machen: Mit einem kleinen Hocker reicht es ans Waschbecken und kann in den Badezimmerspiegel schauen. Sich selbst beim Zähneputzen zuzusehen ist für die meisten Kinder ein großer Spaß. Eine Sanduhr in der Nähe erleichtert es, die nötigen drei Minuten durchzuhalten. Nachputzen sollten Sie aber bis zum Alter von etwa vier Jahren in jedem Fall noch mal – mehr oder weniger. Oder verabreden Sie: Erst putzt Mama, und dann darfst du alleine!

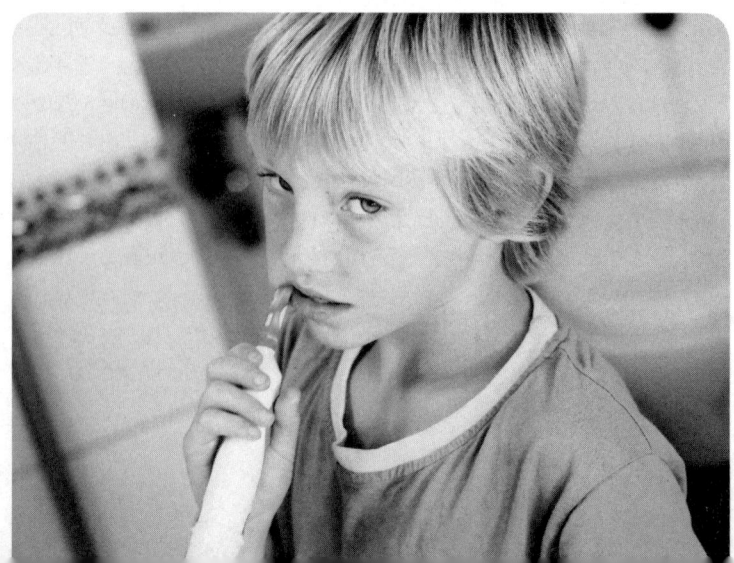

Einkaufen und essen

Das kennen alle Eltern: Sie haben gekocht, und die Kinder wollen nicht essen. Zuallererst: Die Gefahr, dass Ihr Kind verhungert, ist gering, auch wenn es Ihrer Ansicht nach viel zu wenig isst. Ein sechsjähriges Kind verbraucht etwa 1100 bis 1500 Kilokalorien am Tag. Der genaue Verbrauch hängt von seiner Konstitution, seinem Temperament und auch davon ab, ob es sich gerade in einer Wachstumsphase befindet.

Ich mag das nicht essen

Wenn Ihr Kind bei Tisch nicht essen möchte, bleiben Sie gelassen. Machen Sie deutlich, dass Essen nur zu den Essenszeiten angeboten wird und es nichts zwischendurch gibt. Hier müssen Sie konsequent bleiben, denn sonst kann das Kind sein natürliches Hungergefühl erst gar nicht entwickeln. Ermuntern Sie das Kind immer wieder freundlich zum Essen und bleiben Sie ruhig.

Bieten Sie vielfältige Kost an. Woher sollen Kinder wissen, dass sie auch Erbsen mögen, wenn es immer nur Bohnen gibt? Neue Ideen bringen Abwechslung auf den Teller: In Kochbüchern finden Sie Anregungen. Versuchen Sie mit Ihrem Kind zu vereinbaren, dass es alles, was auf dem Tisch steht, einmal probieren muss – auch wenn es nur eine »Zwergenportion« ist.

Gemeinsam kochen

Binden Sie Ihre Kinder in das Kochen mit ein. Blättern Sie gemeinsam im Kochbuch, suchen Sie zusammen etwas Leckeres aus, lassen Sie das Kind Gemüse waschen oder auch den Tisch decken. Sprechen Sie dabei mit den Kindern über das, was gerade in der Küche geschieht.

Gemeinsames Essen ist Familienzeit

Das gemeinsame Essen stressfrei und gemütlich zu gestalten ist mit kleinen Kindern nicht immer einfach. Dennoch sollte eine Familie nicht auf die gemeinsame Essenszeit am Tisch verzichten. Denn: Gemeinsames Essen ist Familien- und Redezeit. Es-

Gesunde Ernährung

Zu einer ausgewogenen Kost gehören: Milchprodukte, Obst, Gemüse, Eiweiß (Fleisch, Fisch, Eier, Bohnen, Nüsse) und Kohlenhydrate (Brot, Nudeln, Getreide, Reis, Kartoffeln).

Eine ausgewogene Ernährung ist wichtig für Kinder, aber das Essen sollte nicht zum Dauerthema werden. Jeder Mensch hat bestimmte Vorlieben, und die können sich auch mal ändern.

Respektieren Sie das natürliche Hungergefühl Ihres Kindes. Nachschlag gibt es nur, wenn das Kind danach verlangt, nicht weil es durch Belobigungen dazu angehalten wird.

sen ist – auch bei den Allerkleinsten – nicht nur reine Nahrungsaufnahme, sondern ein gemeinsames schönes Erlebnis, bei dem Möglichkeit zum Austausch besteht. Nutzen Sie diese Chance unbedingt und machen Sie das gemeinsame Essen zum Ritual! Ein kleiner Tischspruch und ein gemeinsamer Anfang des Essens können Ruhe hineinbringen.

Überfordern Sie Ihr Kind nicht. Wenn Kinder am Tisch essen lernen, sollten die Mahlzeiten zunächst nicht länger als 20 Minuten dauern, sonst werden die Kinder unruhig. Sie können auch mit einer kürzeren Zeit, zum Beispiel 10 Minuten, beginnen. Wichtig ist, dass Kinder lernen, dass das gemeinsame Essen am Tisch sich lohnt und schön ist.

Zuwendung über Essen

Für viele Eltern ist es eine klare Sache: Ein Baby, das schreit, hat Hunger. Doch nicht jedes Kind, das schreit, ist hungrig. Manchmal sitzt dieser Hunger gar nicht im Magen – oft wollen schreiende Kinder Liebe und Aufmerksamkeit. Und dann bekommen sie ein Fläschchen und Eltern missverstehen das Schreien des Kindes.

Eltern können dabei ein ganz wichtiges Bedürfnis des Kindes übergehen: Das Kind braucht Liebe und Zuwendung und drückt sich über die einzige Möglichkeit in diesem Alter aus: das Schreien. Statt Zuwendung bekommt es dann jedoch »nur« Nahrung.

Wenn das zur Dauereinrichtung wird, kann sich ein Muster entwickeln: Es kann dann passieren, dass sich das Kind auch in seinem späteren Leben mit Essen tröstet, wenn es traurig ist oder sich ungeliebt fühlt. Ein solches Muster kann der Keim einer Essstörung oder für Übergewicht sein. Liebe mag durch den Magen gehen, aber nicht ausschließlich.

- Essen darf keine Strafe oder Belohnung sein.

- Sprechen Sie mit Kindern über ihr Lieblingsessen und bereiten Sie es gemeinsam vor.

- Geregelte Mahlzeiten helfen Kindern, frühzeitig eine Esskultur zu entwickeln. Naschen sollte nur zu besonderen Gelegenheiten erlaubt sein.

● Genießen Sie die Mahlzeiten und machen Sie sich klar: Eine Mahlzeit ist nicht nur Nahrungsaufnahme, sondern vor allem eine Gelegenheit für Kontakt und Austausch.

● Nehmen Sie Anregungen von Kindern beim Einkaufen und Kochen auf und setzen Sie sie gemeinsam um.

Tischmanieren sollten bei der Essenszeit wie selbstverständlich einfließen. Seien Sie dabei geduldig und auf liebevolle Weise konsequent und verstehen Sie: Kinder können nicht von Anfang an alles. Sie brauchen Zeit und die Hilfe ihrer Eltern. Es ist normal, wenn Kinder erst mal schmieren und das Essen herunterwerfen. Eltern sollten sich hier nicht unter Druck setzen. Wichtig: Kinder lernen durch das Vorbild der Erwachsenen.

Gemeinsame Mahlzeiten sind für Kinder grundlegend. Mindestens einmal am Tag sollte die Familie beim Essen zusammensitzen. Wenn es wegen der Arbeitszeiten nicht anders geht, dann unbedingt am Wochenende. Überprüfen Sie hier selber, welche Gründe dazu führen, dass kein gemeinsames Essen möglich ist. Versuchen Sie unbedingt, eine gemeinsame Mahlzeit einzuplanen, und stellen Sie hier eigene Interessen nach hinten.

Beim gemeinsamen Essen erzählen Eltern und Kinder, was jeder so erlebt hat. Kinder brauchen die Erfahrung, dass alle zu Wort kommen, aber nacheinander: Wer gerade spricht, wird nicht unterbrochen. Dazwischenschreien ist nicht sinnvoll, weil man nicht verstanden wird – jeder kommt zu Wort. Warten müssen Kinder erst lernen. Seien Sie geduldig und hier unbedingt Vorbild!

Schön ist ein lebendiges und fröhliches Miteinander, auch und gerade beim Essen. Dazu gehört auch, dass das Essen mal daneben liegt und nicht alles immer gesittet abläuft.

Einkaufen – mit Kindern manchmal gar nicht einfach

Wer kennt das nicht: Hektisches Gedränge, eine lange Einkaufsliste, und die Kinder sind unruhig. Einkaufen mit Kindern ist manchmal gar nicht so einfach.

Listen helfen

Hilfreich ist es, vor dem Einkaufen aufzuschreiben, was gebraucht wird. Sonst hat man im »Einkaufen-mit-Kindern-Gewühl« hinterher zwar einen vollen Wagen, aber die wesentlichen Dinge mitunter vergessen. Versuchen Sie, auch die Wünsche der Kinder zu berücksichtigen. »Wie wäre es mal wieder mit Lasagne?« – »Gute Idee, dann brauchen wir Hackfleisch, Lasagne-Nudeln, Tomaten.« Erstellen Sie den Einkaufszettel gemeinsam. Jüngere Kinder können den Einkaufszettel auch malen und so einbezogen werden.

Gemeinsam einkaufen

Das Einkaufen ist eine Alltäglichkeit, an der Kinder teilhaben können. Nutzen Sie die Möglichkeit, sich mit Ihrem Kind zu beschäftigen, auch wenn es manchmal anstrengend ist. Gehen Sie aber nur dann mit den Kindern einkaufen, wenn sie ausgeschlafen und satt sind. Das erleichtert schon vieles und verringert das Stresspotenzial erheblich. Einkäufe kurz vor Ladenschluss sollten Sie lieber vermeiden, da sind die Geschäfte überfüllt, das Ver-

Öfter mal was Neues!

Durchbrechen Sie gelegentlich einmal die Routine. Suchen Sie statt dem Supermarkt mal den Wochenmarkt oder ein türkisches oder griechisches Lebensmittelgeschäft auf. Nehmen Sie sich hier Zeit, die Ware auszusuchen, so lernen Sie und Ihre Kinder Neues kennen.

Planen Sie realistisch: Großeinkauf mit Kindern? Vielleicht sogar einmal quer durch mehrere Läden? Bereiten Sie das gut vor. Vielleicht erledigen Sie solche Einkäufe besser alleine, wenn die Kinder in der Kita oder in der Schule sind. Wenn sie dafür noch zu klein sind, bringen Sie die Kinder lieber bei Freunden oder Verwandten unter. Besorgen Sie Basisartikel – zum Beispiel Nudeln, Wasser, Windeln, Toilettenpapier und Babygläschen.

kaufspersonal ist müde, und die Nerven liegen ganz schnell nicht nur bei Ihnen blank.

Kinder freuen sich, wenn sie helfen dürfen. Schon Dreijährige können und wollen mithelfen. Sie können Toastbrot oder auch Milch in den Wagen räumen. Wichtig: Die Kinder unterstützen, nicht zu schwere Aufgaben geben und gehörig loben und bestätigen.

Die Kinder müssen wissen, dass nur die Dinge gekauft werden, die auf dem Einkaufszettel stehen. Bleiben Sie liebevoll konsequent – auch an der Kasse! Haben Sie andererseits aber auch unbedingt Verständnis für die Kinder. Für Kinder ist die bunte Warenwelt nahezu unwiderstehlich, denn alles ist bunt, riecht gut und ist in greifbarer Nähe. Wer würde da nicht auch mal gerne einfach zugreifen?

Spielen

Spielen ist ein menschlicher Urtrieb. Es ist nicht mit einem bestimmten Zweck verbunden, das zeichnet das Spiel aus. Das heißt, alles ist möglich und darf sein. Und besonders wichtig für Sie: Spielen macht Familien stark. Denn etwas gemeinsam zu tun fördert den Zusammenhalt. Gemeinsam zu spielen ist für Familien eine der schönsten und lehrreichsten Aktivitäten. Mit Spaß und Spannung kann hier der Alltagsstress abgebaut und für eine Weile vergessen werden. Sie erleben Ihr Kind im Spiel ganz intensiv. Und das gemeinsame Tun verbindet und verbündet alle in der Familie.

Spielen drückt sich in Wiederholung einer Sache oder Tätigkeit aus. Eltern müssen also geduldig sein und auch immer wieder das Gleiche spielen. Lachen Sie gemeinsam, tollen, toben und balgen Sie auch einfach mal mit Ihren Kindern durch die Wohnung. Das sind unvergessliche Momente.

Führen Sie eine Spielzeit ein

Regelmäßiges, gemeinsames Spiel und die Beschäftigung mit den Kindern sind wichtig. Kinder erfahren dabei grundsätzliche Dinge: Sie lernen im Team zu handeln, Ideen zu entwickeln, Spannung auszuhalten, sich zu konzentrieren, zuzuhören, Regeln einzuhalten – und zu verlieren. Außerdem werden Gedächtnis, Kreativität und logisches Denken gefördert. Zusätzlich lernen Kinder, dass sie sich auf die anderen Spieler verlassen können.

Das gemeinsame Spielen mit den Kindern sollte zu einer festen Einrichtung im Familienalltag werden. Vielleicht lässt sich sogar eine regelmäßige Familien-Spielzeit einplanen. So spürt das Kind, dass den Eltern gemeinsame Aktivitäten mit ihm wichtig sind und Spaß machen. Für so eine Familien-Spielzeit sind Gesellschaftsspiele (Würfel, Karten, Brettspiele) gut geeignet. Achten Sie beim Kauf unbedingt auf die Altersangabe. Das Spiel sollte eine logische und faire Spielanleitung haben, einen überschaubaren Spielplan und wenige Spielregeln, die Variationen zulassen.

Für Kinder im Grundschulalter bieten sich Strategie- und Würfelspiele an, die Konzentration und Kooperationsbereitschaft einüben. Überlegungen vor dem Kauf: Welche Fähigkeiten fordert das Spiel von meinem Kind? Muss mein Kind schon ausreichend lesen/rechnen können, um mitspielen zu können? Wie lange dauert eine Spielrunde? Reicht dafür die Ausdauer meines Kindes?

Gewinnen und verlieren

Wenn Kinder nicht verlieren können, dann liegt das meist nicht am Spiel selbst. Kinder müssen erst lernen mit der Enttäuschung umzugehen, und es ist ganz normal, wenn Kinder sich beim Verlieren so ärgern. Zusätzlich sind folgende Überlegungen

wichtig: Vielleicht ist das Selbstwertgefühl des Kindes zu hoch oder zu niedrig? Auch die Frustrationstoleranz, also die Fähigkeit, mit Enttäuschung umzugehen, spielt hier eine Rolle. Wichtig zu wissen: Die Frustrationstoleranz ist bei Kindern unterschiedlich angelegt. Ein Kind braucht beim Verlieren und beim Lernen von Fairplay liebevolle Unterstützung. Oder geben Sie selbst eher ein schlechtes Vorbild ab? Eltern lassen in der Regel die Kinder gewinnen und zeigen so, wie sie selber verlieren können. Wie gehen Sie denn mit der Verlierer-Rolle um? Hier ist Ihr gutes Beispiel gefragt! Sie als Erwachsener wissen doch am besten: Es ist alles nur ein Spiel.

Zusammen spielen

Neben der festen Spielzeit sollten Sie mindestens einmal am Tag mit Ihrem Kind spielen. Das muss kein Brett- oder Kartenspiel sein und gesittet am Tisch stattfinden. Das kann auch einfach Herumtollen auf dem Boden sein, bei dem das »große Krokodil« das »kleine Mäuschen« fängt. Denn ein Spiel muss und sollte nicht unbedingt nur strukturiert und am Tisch stattfinden.

Komm, spiel mit mir!

Spielen ist die wichtigste Beschäftigung für Ihr Kind. Lassen Sie ihm deshalb Zeit und Ruhe dafür und unterbrechen Sie es nicht unnötig. Beobachten Sie Ihr Kind, und Sie werden sehen, wann es eine Spielanregung braucht.

Wie erkenne ich gutes Spielzeug?

Spielen ist wichtig für die Entwicklung – und viel mehr als nur ein Zeitvertreib. Spielen trainiert die Sinne und macht Unbekanntes erfahrbar. Nur womit und wie spielen Kinder am sinnvollsten?

● Gutes Spielzeug regt die Fantasie der Kinder an. Es engt nicht ein und bietet möglichst viele Spielmöglichkeiten. Mit Le-

Gütesiegel für Spielzeug

Das »CE«-Zeichen am Spielzeug ist ein Gütesiegel der Europäischen Gemeinschaft und steht für Ungefährlichkeit. Der »Spiel gut«-Punkt wird vom Arbeitsausschuss Kinderspiel + Spielzeug e.V. seit 1954 vergeben.

Unter **www.spielgut.de** finden Sie Spiele-Tipps und Informationen rund um Spiele und Spielzeug.

Unter **www.spiel-des-jahres.org** sind alle Spiele verzeichnet, die schon mal den Preis »Spiel des Jahres« erhalten haben.

gosteinen kann man zum Beispiel Häuser und Burgen bauen, Flugzeuge und Schiffe entstehen lassen. Man kann die Steine zum Auto umfunktionieren oder in der Puppenküche »servieren« und noch viel mehr. Auch Bauklötze oder Baukästen lassen sich vielfältig einsetzen. Gut ist auch alles, was erweiterbar ist: Eisenbahn, Puppenstube, Kaufladen und Ähnliches können fortlaufend ergänzt werden.

- Es muss nicht immer Holz sein. Kunststoffe haben längst Einzug in unseren Alltag gehalten. Auch buntes Plastik gefällt den Kindern oft gut. Wichtig ist, dass Kinder mit verschiedenen Materialien, Farben und Formen in Berührung kommen.

- Gutes Spielzeug muss dem Alter angepasst sein. Erwachsene finden den Riesen-Teddy im Spielzeugladen vielleicht schön.

Für die Kleinen ist er eher ungeeignet, da er ja überall mit hin muss und die Größe des Bären unhandlich ist. Überlegen Sie also genau, was zum Entwicklungsstand Ihres Kindes passt, und auch, welche Funktion das Spielzeug oder auch Kuscheltiere erfüllen sollen.

● Das Spielzeug sollte zur Lebensumwelt des Kindes passen. Ein Kind, das noch nie auf einem Bauernhof war, freut sich sicher über einen Zoo und lernt dabei Tiere kennen, die es noch nie gesehen hat. Ein Kind, das gerade im Krankenhaus war, kann mit einem Doktorkoffer diese Erfahrung gut verarbeiten. Wichtig: Kinder brauchen bei diesen Spielen auch Eltern, die sich auf ihre kindliche Welt einlassen können. Spielen Sie also auch gemeinsam.

Was guckst du?

Wenn Kinder fernsehen, sollten die Erwachsenen mit ihnen zusammen das Programm aussuchen und schauen – damit sie auch über das Gesehene sprechen und sich austauschen können. Das gemeinsame Fernsehen ist für Kinder ungemein wichtig. Eltern können erklären und ergänzen, was sich aus dem Gesehenen nicht ergibt bzw. was das Kind vielleicht noch nicht verstehen kann. Eltern und Kinder erleben etwas gemeinsam, und Kinder werden mit eventuellen Fragen nicht alleine gelassen. Wichtig: Die Eltern entscheiden – wenn Kinder alt genug sind, auch mit ihnen zusammen –, welche Sendung angeschaut werden kann.

Vorschlag für Jüngere: Leihen Sie gemeinsam mit Ihren Kindern einmal im Monat zwei Videokassetten mit altersgerechten Geschichten aus der Stadtbücherei aus. Sehen Sie sich die Filme das erste und zweite Mal unbedingt mit den Kindern gemeinsam an. Tauschen Sie sich aus und sprechen Sie über den Inhalt: Was ist geschehen? Was war aufregend, was hat Ihnen gefallen, und was war vielleicht gefährlich oder traurig? Das Schöne hieran: Sie haben ein gemeinsames Erlebnis mehr mit Ihrem Kind und gleichzeitig Gewissheit darüber, was Ihr Kind sieht. Außerdem stellen Sie sicher, dass sie das Gesehene auch gemeinsam verarbeiten können.

Der Fernseher ist kein Babysitter

Natürlich ist es eine scheinbar einfache Lösung – die Eltern machen den Fernseher an, die Kinder sitzen davor, und es ist Ruhe. Aber das ist nicht sinnvoll. Der Fernseher ist ein ausgesprochen schlechter Babysitter, denn er kommuniziert nur einseitig. Kinder lernen so nur, sich passiv berieseln zu lassen, anstatt sich aktiv und selbst zu beschäftigen mit Sport, Basteln, Lesen und anderen Dingen.

Der Umgang mit Medien will gelernt sein

Verdummung, Sucht und Einsamkeit sind nur einige der Schlagworte, mit denen heute vor den Folgen des übermäßigen Fernseh- und Computerkonsums gewarnt wird. Aber wenn Eltern sich ihrer Verantwortung bewusst sind und sinnvoll mit diesen Medien umgehen, wird es auch für die Kinder keine Schwierigkeiten geben.

● **Fernsehen:** Medienverhalten muss geübt, unterstützt und begleitet werden. Dazu gehört auch, das eigene Verhalten zu hinterfragen. Schauen Sie in die Programmzeitschrift, wählen Sie kindgerecht aus und führen Sie Fernsehzeiten ein. Ihr Kind sucht in den Medien nach Unterhaltung, Entspannung und Informationen, ebenso wie Sie. Machen Sie sich das zu Nutze und wählen Sie sorgfältig aus – ebenso wie Sie es für sich tun.

Lassen Sie beim Essen den Fernseher nicht laufen, sondern unterhalten Sie sich mit Ihren Kindern.

Bücher: Bücher muss man nicht unbedingt kaufen, in Ihrer Stadtbibliothek können Sie aus einem großen Angebot wählen und sich Bücher ausleihen. Blättern Sie das Buch durch und schauen Sie es sich genau an: Stimmen Text und Bild überein, auch die Gesichtsausdrücke der Figuren? Suchen Sie nach detailgetreuen Zeichnungen mit klaren Farben.
Schon Babys ab sechs Monaten lieben die bunten Bilder. Bleiben Sie dabei und stärken Sie das Interesse! Lesen Sie vor, besprechen Sie Inhalte und erfinden Sie einfach neue Geschichten dazu. Genießen Sie die gemeinsame Zeit, mit Ihrem Kind in eine fantastische Welt einzutauchen.
Bilderbücher sollen ins Gespräch über die verschiedensten Themen bringen. Die Geschichten müssen keine heile Welt vorgaukeln. Sie sollen Mut machen für ein Leben, in dem man auch Probleme meistern muss. Führen Sie immer wieder Gespräche mit Ihren Kindern und besprechen Sie das Gelesene.

Zeitschriften: Im Regal stehen zahlreiche Zeitschriften: Viele bunte Blätter für Kinder. Gehen Sie nicht nur nach plakativen Formulierungen wie »pädagogisch wertvoll« auf dem Titelblatt, sondern machen Sie sich selbst ein Bild davon. Überprüfen Sie die Sprache – oftmals ist sie zu verniedlichend und einfach. Häufig sind die Geschichten sehr schlicht und mit Vorurteilen gespickt, beispielsweise wie Mädchen und Jungen zu sein haben. Das Schriftbild ist oft zu klein.

● **Comics:** Bildergeschichten in Comics sollten für die Kleinen mit Tieren oder Kindern als Hauptpersonen gefüllt sein. Wenn Ihre Kinder Comics lesen, achten Sie unbedingt darauf, dass sie auch Bücher haben, in denen der Text nicht nur in Sprechblasen geschrieben steht. In Comics wird häufig eine verkürzte Sprache benutzt – das kann auch auf die sprachliche Entwicklung Einfluss haben. Daher ist es nicht sinnvoll, wenn Kinder ausschließlich Comics lesen.

Computerspiele

Der Computer ist heutzutage ein wichtiges Medium. Wie beim Thema Fernsehen ist es auch hier wichtig, dass Kinder über Eltern einen guten Umgang damit lernen.

Lernprogramme für Kinder gibt es für die unterschiedlichsten Altersstufen, dennoch sollten Kinder nicht zu früh am Computer sitzen. Vergessen Sie nicht: Sie als Eltern entscheiden.

Wenn das Kind schon im Vorschulalter den Computer nutzt, dann achten Sie darauf, dass eine Zeit von 15 bis 30 Minuten nicht überschritten wird. Ganz wichtig ist, dass Eltern diese Zeit mit ihrem Kind gemeinsam vor dem Computer verbringen. Kinder in diesem Alter sollten auf keinen Fall alleine am PC spielen.

Auch die besten Lernprogramme ersetzen die Kommunikation zwischen Eltern und Kindern nicht. Auch wenn Kinder älter sind (Grundschulalter) ist es wesentlich, dass Eltern die Zeiten, die Kinder vor dem PC verbringen, begleiten.

Verabreden Sie feste Computer-Zeiten mit Ihren Kindern. Verteilen Sie diese auch bei älteren Kindern über den Tag, zum Beispiel mittags und abends jeweils 30 Minuten. Sie können ruhig zur Unterstützung einen kleinen Wecker zur Hilfe nehmen. Wenn die Zeit abgelaufen ist, kann das Spiel zu Ende gespielt werden, dann wird das Gerät abgeschaltet.

Eltern sollten keinesfalls vergessen, einen Ausgleich für Computer-Zeiten zu schaffen. Kinder brauchen viel Bewegung und auch freie Zeit, in der sie eben nicht am Computer sitzen, sondern sich mit anderen Kindern im Spiel bewegen! Wichtig ist, dass zur Routine wird: Erst die Pflichten, zum Beispiel Hausaufgaben, und dann kommt die Zeit für den PC.

Im Umgang mit diesem Medium sollten Eltern unbedingt darauf achten, dass Kinder nur die Spiele spielen, die auch für das entsprechende Alter freigegeben sind. Besonders schwierig ist das, wenn Geschwister mit größerem Altersunterschied in einer Familie sind. Dennoch sollten Eltern hier ihrer Verantwortung nachkommen. Spiele, die für einen Sechzehnjährigen freigegeben sind, sollte ein Achtjähriger auf keinen Fall spielen. Auch wenn es Kraft kostet: Hier sollten Eltern sich im Sinne ihres Kindes durchsetzen.

Lassen Sie Ihr Kind auch mal einen kleinen Text auf dem Computer schreiben. Das bietet sich zum Beispiel bei kleineren Übungen für die Schule an. So verstehen Kinder, dass der PC nicht nur ein »Spielgerät«, sondern auch ein Arbeitsgerät ist!

Aufräumen

Im Kinderzimmer sieht es aus wie nach einem Wirbelsturm, und im Wohnzimmer herrscht Chaos? Eltern sollten sich darüber nicht aufregen, denn das ist zunächst normal, wenn Kinder im Hause sind. Dennoch: Versuchen Sie das Chaos auf die Kinderzimmer zu beschränken und bestehen Sie auf Ihren Erwachsenenbereich – meistens das Wohnzimmer. Und: Bevor Sie den

Tag beenden, sollten Sie gemeinsam aufräumen. Sie werden feststellen, dass Ihr Stresspotenzial sinkt, wenn Sie sich klarmachen, dass mit Kindern eben nicht alles »wie geleckt« ist – und von entspannten Eltern profitieren Ihre Kinder am meisten.

Andererseits: Die Welt ist für Kinder verwirrend genug. Eine gewisse Ordnung in der nächsten Umgebung stärkt das Vertrauen der Kinder in die Welt und somit auch das Selbstvertrauen: Jedes Ding hat seinen Platz – und ich auch. Untersuchungen haben außerdem ergeben, dass Kinder, die in aufgeräumten Zimmern einschliefen, besser und tiefer schliefen und am nächsten Morgen ausgeruhter waren.

Gerade bei Hausaufgaben ist wichtig: Eine geordnete Umgebung macht die Gedanken klarer – Ihre und die Ihrer Kinder auch. Außerdem verbringen Sie, wenn einmal alles an seinem Platz ist, weniger Zeit mit Suchen. Sie gewinnen Zeit, die Sie mit

Ordnung kann auch Spaß machen!

Schaffen Sie sich bunte Kisten und Truhen an, eine für Autos, eine für die Puppen, eine für die Holzeisenbahn und eine für »Vermischtes«, für all die Dinge, denen Sie beim besten Willen keine Funktion zuordnen können, die für Ihre Kinder aber ganz wichtig sind. Nehmen Sie einen alten Schuhkarton für Puzzleteile und einen anderen für den Barbie-Schnickschnack.

Und sortieren Sie regelmäßig mit Ihren Kindern gemeinsam die Dinge aus, für die es keine Verwendung mehr gibt. Auch wenn es ein gut gemeintes teures Geschenk von lieben Verwandten war: Ein Kinderzimmer ist keine Rumpelkammer.

anderen Dingen füllen können. Versuchen Sie also, einigermaßen Ordnung zu halten, seien Sie aber nicht zu streng mit sich selbst. Und auch Kinder haben oft ihre ganz eigene Ordnung.

Damit sich Kinder wohlfühlen können, sollte die Wohnung und vor allem das Kinderzimmer über ein kindgerechtes System aus Ablagen, Stauraum und Schränken verfügen, wo Spielzeug, Kleidung und andere Dinge untergebracht sein können.

Extra-Tipp: Vor allem das Kinderzimmer sollte neben Lebendigkeit auch eine Ruheecke haben. Günstig sind Möbel, die zusammenpassen und mitwachsen. Das spart Geld und bringt Ruhe ins Kinderzimmer – und ins Kinderleben.

Schlafen

Kennen Sie das? Der Tag war lang, und Sie sind hundemüde. Sie könnten sich jetzt gar nichts Schöneres vorstellen, als ins Bett zu gehen und die Augen zu schließen. Die Kinder sind aber oft noch munter. Das Zubettbringen der Kleinen scheint ewig zu dauern. Immer wieder krabbeln sie aus ihren Betten. Mal brauchen sie was zu trinken, mal den Schnuller, mal schreien sie, mal toben sie. Irgendwann sind Sie erschöpft und können nicht mehr. Sie geben auf und legen sich zu den Kindern, reden stundenlang auf sie ein und sind schließlich selber so müde, dass sie wie zerschlagen ins Bett fallen.

Das Zubettgehen sollte in einer ruhigen Atmosphäre stattfinden. Genügend Zeit, gedämpftes Licht und ein festes Abendritual helfen Kindern dabei, abends zur Ruhe zu kommen.

Zunächst ist es wichtig, sich klarzumachen: Diese Dinge sind eigentlich ganz normal. Es wird Zeiten geben, in denen es besser läuft, aber solche Abende werden immer wieder vorkommen. Kinder werden langsam selbstständiger. Sie laufen und klettern und können so das Bett eigenständig verlassen. Das wollen sie zeigen und dafür bewundert werden und probieren, wie die Eltern darauf reagieren. Wichtig ist jetzt, wie Sie als Eltern damit umgehen.

Die Abendroutine

Das Zubettgehen sollte nie in Hektik oder Eile stattfinden. Das macht nur Eltern und Kinder unruhig und hindert am friedlichen Einschlafen. Planen Sie diese besondere Zeit des Tages fest ein. Eltern machen es sich selber schwer, wenn sie auf die Uhr blicken und feststellen: »Oh je, es ist schon halb acht und keines der Kinder hat gegessen oder ist im Schlafanzug! Und aufgeräumt ist auch noch nicht!«

Viel einfacher wird es für Sie und Ihre Kinder, wenn Sie für den abendlichen Ablauf Zeiten festlegen, die dann zur Routine werden: Zum Beispiel: 17.30 Uhr Aufräumen, Abendtoilette und Umziehen, 18.00 Uhr Abendessen. Machen Sie sanft klar, dass der Tag heute für das Kind zu Ende geht. Sprechen Sie mit Ihrem Kind und erklären Sie, was passiert. »Wir essen jetzt, und dann gehen wir gemeinsam Zähneputzen.«

Wann das Kind im Bett liegt, entscheiden die Eltern. Teilen Sie den Tag so ein, dass ihr Kind zwischen 10 und 12 Stunden schlafen kann. Allerdings haben Kinder unterschiedlichen Schlafbedarf, der sich auch verändert – Eltern müssen hier aufmerksam sein, ausprobieren und Geduld haben.

Eine ruhige Atmosphäre schaffen

Eine ruhige Atmosphäre ist das A und O für ein erfolgreiches Zubettgehen. Später Besuch oder Telefonate stören das empfindliche Gleichgewicht des Abendrituals. Machen Sie das freundlich, aber bestimmt dem netten Besuch oder auch den Anrufern klar. Diese Zeit gehört allein Ihnen und Ihren Kindern. Ihre Familie ist jetzt am wichtigsten. Und es geht nicht nur um die Kinder, sondern auch um Ihren Abend, der immer später beginnt, wenn die Kinder nicht in Ruhe ins Bett kommen.

Der Spielraum zwischen dem Abendessen und dem Zubettgehen sollte begrenzt sein – die Versuchung, das eben aufge-

räume Spielzeug wieder auszupacken, wird für die Kleinen sonst leicht zu groß. Den nachfolgenden Lärm und die Aufregung über ein neues Spiel, das schnell weggepackt werden muss, ersparen Sie sich besser.

Nach dem Zähneputzen beginnt die wichtigste Zeit vor dem Schlafen. Genießen Sie diese zusammen mit Ihrem Kind – begrenzen Sie sie jedoch auch. Vor dem Schlafengehen sollten Sie die Kinder noch einmal auf die Toilette schicken und ihnen etwas zu trinken geben. Erst dann: Schauen Sie ein Bilderbuch an, erzählen Sie eine Gutenachtgeschichte und spüren Sie beide den liebevollen Körperkontakt. Diese Zeit der Nähe und des Kuschelns wirkt am besten am Bett und in ruhiger Stimmung: Das Kind sollte also schon fertig im Bett liegen. Helles Licht und das Klingeln des Telefons stören beim Gutenachtsagen nur und lassen Hektik aufkommen. Zum Abschluss können Sie gemeinsam ein kleines Lied singen oder ein Gebet mit Ihrem Kind sprechen.

Gute Nacht!

Der Kindertag ist nun beendet. Auch wenn das Kind das manchmal nicht so sehen mag. Sollte es auch nach dem Ende des Kindertages mit beliebten Aussagen wie »Ich habe Durst, muss aufs Klo, da ist ein Monster unter dem Bett« kommen, bleiben Sie in jedem Fall ruhig! Vielleicht können Sie versuchen, innerlich zu lächeln. Denken Sie: Netter Versuch!

Bleiben Sie konsequent und liebevoll. Bringen Sie Ihr Kind immer wieder in sein Bett zurück. Lautes Sprechen oder gar

Schimpfen ist dabei nicht nur unnötig, sondern führt zum Gegenteil von dem, was Sie wollen. Sie helfen Ihrem Kind am besten, seinen Schlaf zu finden, wenn Sie ruhig bleiben. Wiederholen Sie (auch flüsternd) mit sanftem Nachdruck Sätze wie: »Es ist jetzt Schlafenszeit.« Ihr Kind wird dann verstehen, dass Sie abends nach dem Zubettgeh-Ritual zwar für Ihr Kind da sind, aber keine Spiele oder andere Aktivitäten mehr stattfinden.

Auch, wenn es mal nicht klappt, Eltern sollten nicht verzweifeln, es wird immer wieder Zeiten geben, da läuft es besser, und dann wird es auch wieder stressigere Zeiten geben. Machen Sie sich klar: Das ist normal.

Tagesplan

Um die Eckpunkte (Schlafen und Essen) des Tages zu planen und den Tag zu organisieren, kann es sinnvoll sein, erst mal alle unterschiedlichen Aktivitäten aufzuschreiben. Der folgende Tagesplan soll als Beispiel dienen. Versuchen Sie, Ihren eigenen Tag einmal auf diese Weise zu strukturieren.

Wenn Sie das Gefühl haben, dass Sie sich selber einen Plan machen müssen, dann schreiben Sie ruhig erst mal alles hinein, was Ihnen einfällt. Planen Sie Zeiten für die verschiedenen Dinge ein und probieren Sie aus, ob der Plan so funktioniert. Er soll als Unterstützung für Eltern dienen, als eine Art »Fahrplan« oder auch »Gerüst« für die Tagesorganisation.

Anfangs müssen Sie sicher immer wieder auf den Plan schauen, aber Sie werden sehen, nach einiger Zeit wird der Ablauf selbstverständlicher, der Plan zur Routine und ein kurzer Blick auf die Uhr reicht dann schon aus.

Wichtig: Dies ist nur ein Beispiel für einen Tagesplan. In vielen Familien sind beide Elternteile berufstätig. Der Tagesplan muss dann selbstverständlich entsprechend verändert werden. Die festgelegten Uhrzeiten dienen nur als ungefähre Richtwerte. Es geht nicht darum, Druck zu erzeugen!

Beispiel für einen Tagesplan

Uhrzeit	Tätigkeit
7.00	Kinder vorsichtig wecken
7.30	Gemeinsam frühstücken
8.00	Kindergarten/Schule
bis 12.00	Eltern arbeiten/machen den Haushalt (Einkaufen, Aufräumen, Wäsche, dann Essensvorbereitung)
12.30	Kinder abholen
13.00	Schulkinder kommen nach Hause
13.15	Mittagessen, anschließend Mittagsruhe und Hausaufgabenzeit
15.00	Nachmittagssnack und -planung
15.30	Kinderzeit: gemeinsam rausgehen, Freunde treffen, spielen
17.30	Umziehen, Kinderzimmer aufräumen
18.00	Gemeinsames Abendbrot, anschließend Zähneputzen
18.30	Vorlese- und Kuschelzeit
18.50	Sandmännchen (Kuschelzeit)
19.00	Bettzeit

Ausnahmen bestätigen die Regel!

Ein verlässlicher Tagesablauf und auch Regeln sind für den Alltag wichtig. Aber eine Familie ist lebendig, und Platz für Unvorhergesehenes und eine Unterbrechung der Routine muss sein.

● Urlaube sind Ausnahmesituationen. Wenn Sie mit kleinen Kindern im Urlaub sind, denken Sie an Essens- und Ruhezeiten. Sind die Kinder schon älter (3 bis 4 Jahren), können Sie einen eigenen Urlaubstagerhythmus entwickeln. Nicht nur für Eltern, auch für Kinder ist es schön und wichtig, die Alltagsroutine zu durchbrechen. Bereiten Sie die Kinder dann auch wieder vorsichtig auf den Alltag vor. Beginnen Sie hier bei den Schlafenszeiten.

● Erzählen Sie Ihren Kindern vorher, wenn etwas Ungewöhnliches ansteht, zum Beispiel ein Krankenhausaufenthalt. Sprechen Sie ruhig und liebevoll, dann können sich die Kinder besser darauf einstellen.

● Wenn Kinder krank sind, ist alles durcheinander. Ihr Kind braucht jetzt volle Aufmerksamkeit! Geht es den Kleinen dann besser, fällt es oft schwer, wieder in den gewohnten Tagesablauf hineinzukommen. Haben Sie Geduld mit sich und den Kindern.

Beispiel Wochenplan

So, wie der Tagesplan eine Unterstützung für die Strukturierung des Tages sein kann, so kann ein Wochenplan bei der Organisation der Woche helfen. Gerade wenn Kinder beginnen unterschiedlichen Aktivitäten (Sport, Musik oder Ähnliches) nachzugehen, kann es für die gesamte Familie eine große Hilfe sein, wenn alle »Termine« auf einem Plan vereint sind. So können alle sehen, welche Dinge in der laufenden Woche stattfinden. Ein solcher Plan ersetzt natürlich keine Absprachen. Im Gegenteil: Sie sollten den Tag immer morgens mit allen Familienmitgliedern (am besten beim Frühstück) nochmal besprechen, zum Beispiel: Weiß jeder, wo er heute hin muss, welcher Arzttermin ansteht, welches Hobby dran ist?

5

Mit Liebe Grenzen setzen

Kinder probieren alles aus – das ist gut so und muss auch so sein. Aber sie brauchen auch Grenzen und Regeln, an die sie sich halten können.

Im Gespräch bleiben

Viele Probleme entstehen einfach nur dadurch, dass Menschen zu wenig miteinander reden. Sie sprechen nicht miteinander und schon gar nicht mit ihren Kindern. Dabei ist das so wichtig! Kinder können sich nur gut entwickeln, wenn sie mit anderen Menschen kommunizieren. Sie brauchen den Austausch und benötigen Erklärungen.

Wenn Eltern die Kommunikation mit ihren Kindern abbrechen, kann das fatale Folgen haben. Die Kinder können sprachliche Entwicklungsverzögerungen aufweisen. Sie werden mit Schwierigkeiten und Ängsten allein gelassen und lernen nicht, das auszusprechen, was in ihnen vorgeht. Hören Sie deshalb nicht auf, miteinander zu sprechen. Reden Sie mit Ihren Kindern – führen Sie Gespräche, jederzeit und über alles. Begleiten Sie Ihr Tun mit Worten und beziehen Sie die Kinder mit ein.

Die Macht der Worte

Beobachten Sie sich einmal selbst: Wie häufig reden Sie mit Ihrem Kind? Und wann reden Sie wirklich mit ihm, wann sprechen Sie nur zu ihm? Wie oft ist das, was Sie für ein Gespräch mit Ihrem Kind halten, in Wahrheit eine Gardinenpredigt, eine reine Abfolge von Anweisungen? Mit Kindern zu reden bedeutet, bei

Problemen zusammen nach einer Lösung zu suchen, offen zu sein für die Gefühle, Empfindungen und Erlebnisse der Kinder, ihnen zuzuhören. Zu ihnen zu sprechen meint dagegen, ihnen zu sagen, wie wir die Dinge haben wollen.

Erinnern Sie sich an den gestrigen Abend. Sie saßen zusammen bei Tisch. Wie oft haben Sie Ihr Kind ermahnt? Wie oft haben Sie es gerügt? Und was haben Sie dann noch wirklich von ihm erfahren? Was hat es aus seinem Alltag erzählt? Kam es überhaupt zu Wort?

Es gehört zu den schönsten Aufgaben von Eltern, ihren Kindern die Welt zu erklären, mit ihnen über das Leben und den Alltag zu sprechen. Auch wenn es Ihnen manchmal anstrengend erscheint, der Dialog mit Ihrem Kind ist grundlegend und bereichert auch Sie.

Nachfragen und erklären

Kinder brauchen eine kindgerechte Auskunft auf ihre Fragen. Auch die tausend Warum-Fragen am Tag haben eine Funktion. Sie sind ein Versuch des Kindes, mit den Eltern ins Gespräch zu kommen, und zeigen das Interesse des Kindes an vielen Dingen. Beweisen Sie im Gespräch mit Ihrem Kind Liebe und Verständnis für das Kind und seine Belange.

Hören Sie Ihrem Kind richtig zu und fragen Sie gezielt nach. Nicht einfach nur: »Wie war es in der Schule?«, sondern »Habt ihr bei dem schönen Wetter heute im Hof gespielt?« Erzählen Sie auch von Ihrem Tag und wie Sie ihn verbracht haben. Spre-

Auf Tonfall und Lautstärke achten

Es geht nicht nur darum, dass mit Kindern gesprochen wird, sondern auch wie mit Kindern gesprochen wird.

Gehen Sie auf Augenhöhe des Kindes, das heißt, lassen Sie sich auf die Ebene des Kindes herunter, sodass auf Augenhöhe miteinander gesprochen werden kann.

Achten Sie auch auf Ihre Stimme. Der Tonfall und die Lautstärke sind ausschlaggebend. Verschrecken und verwirren Sie die Kinder nicht mit einem lauten und unfreundlichen Ton.

chen Sie von Ihren Gefühlen und Erlebnissen. Kinder interessieren sich sehr für ihre Eltern. Erzählen Sie, wie Sie sich über eine Begegnung gefreut haben oder wie ein ärgerliches Missgeschick geschehen ist. Durch Gespräche wie diese lassen Sie Ihre Kinder an Ihrem Leben teilhaben.

Mit Kindern zu reden bedeutet nicht einfach, den ganzen Tag auf sie einzureden. Es geht um eine lebendige Auseinandersetzung miteinander, um liebevolles Interesse. Und die findet auch ohne Worte statt. Ein Augenzwinkern, ein Lächeln oder auch ein aufmunterndes Kopfstreicheln sind für Kinder ganz wesentlich und gehören ganz selbstverständlich dazu.

Positiv bleiben

Achten Sie auf Ihren Umgangston und streichen Sie Sätze wie: »Nie bist du pünktlich!« und »Immer machst du alles falsch!« aus Ihrem Sprachgebrauch. Denn kein Mensch, und schon gar kein Kind, macht etwas nur »nie« oder »immer«. Solche Sätze entmutigen, denn wenn man etwas »immer« falsch und »nie« richtig macht, warum soll man sich dann noch bemühen? Besser ist es, so genannte Ich-Botschaften zu versenden. Sprechen Sie von sich: »Ich bin traurig, weil …« Allgemeine Wertungen und vor allem Abwertungen sollten vermieden werden.

Auch eine ganze Reihe von Sprichwörtern beinhalten nur Negatives. »Wer sich in Gefahr begibt, kommt darin um« heißt für

ein Kind: »Gehe lieber kein Risiko ein, das geht nur schief.« – »Ein Indianerherz kennt keinen Schmerz« sagt: »Unterdrücke deine Gefühle, du musst das aushalten!« und »Schuster bleib bei deinen Leisten« hat die Aussage: »Lass die Finger von neuen Dingen, denen bist du nicht gewachsen!« Das sind alles negative Botschaften. Vermeiden Sie also lieber »kluge« Sprichwörter und setzen Sie sich ernsthaft mit der Situation und Ihrem Kind auseinander.

Miteinander reden heißt auch zuhören

Wie oft reden Menschen statt miteinander nur aneinander vorbei! Oft sind es eingefahrene Muster, die dazu beitragen. Wichtig ist: Wer möchte, dass ihm jemand zuhört, muss auch selber zuhören. Für Eltern bedeutet das, sich auch mal selber zurückzunehmen und sich für Meinungen, Themen und Überlegungen ihrer Kinder zu öffnen.

Entwickeln Sie Verständnis für Ihr Kind. Versuchen Sie, seinen Blickwinkel einzunehmen und sich in das Kind hineinzuversetzen. Wenn Ihr Kind zum Beispiel am Abend weinend aus seinem Bett kommt, weil es Angst hat, dann versuchen Sie, sich an ähnliche Erlebnisse aus Ihrer Kindheit zu erinnern. Nehmen Sie Ihr Kind in solchen Situationen ernst, begleiten Sie es zurück ins Bett und sprechen Sie über seine Ängste. Achten Sie auch hier auf das, was Sie sagen. »In deinem Alter habe ich schon längst …« ist nicht so gut. Viel besser: »So ist es mir auch schon mal gegangen.«

Auch die Körperhaltung spricht Bände: Sprechen Sie mit dem Kind auf Augenhöhe. Gehen Sie wenn nötig auf die Knie und suchen Sie Blickkontakt.

Machen Sie nicht fünf Sachen nebenher, wenn Sie mit Ihrem Kind sprechen, konzentrieren Sie sich auf seine Aussagen und achten Sie auf Zwischentöne.

Hören Sie wirklich zu und antworten Sie nicht halbherzig. Wenn ein Kind seiner Mutter wütend erzählt, dass die Eisenbahn kaputt ist, ist ein »Ist doch nicht so schlimm, kann man wieder aufbauen!« eher flapsig und für das Kind nicht hilfreich. Kinder müssen ernst genommen werden. Besser ist es zu sagen: »Das ist wirklich blöd und richtig ärgerlich. Du scheinst auch ganz schön wütend und traurig zu sein.« So zeigt man zunächst Verständnis und gibt dann dem Kind die Möglichkeit, seine Gefühle zu artikulieren und zu benennen.

Auch ein Kind muss das Zuhören erst lernen. Dennoch sollten Befehlsformen wie »Komm endlich!« und »Wasch dir die Hände!« vermieden werden. Erklären Sie dem Kind lieber, wieso und was Ihnen gerade wichtig ist. Präzisieren Sie Ihre Aussagen. Halten Sie keine Vorträge, sondern führen Sie Gespräche.

Worüber redet man überhaupt mit Kindern?

Jeder, der sich für sein Kind interessiert, kann auch mit ihm sprechen. Erzählen Sie Ihrem Kind von Ihrer Arbeit, über den Sommer, den Winter, über alles, was Sie freut und ärgert. Sprechen Sie dabei mit Ihrem Kind in ganzen Sätzen und nicht in »Babysprache«.

Kinder brauchen in jedem Alter Ansprache. Das Baby antwortet vielleicht mit einem Lächeln, der Dreijährige mit einem »Warum?«, der Sechsjährige fragt schon etwas gezielter nach. Und der Achtjährige hat vielleicht ganz verblüffende Ansichten.

Für Eltern und Kinder grundlegend: Wer möchte, dass man ihm zuhört, muss auch lernen, anderen zuzuhören.

Auch bei gemeinsamen Spaziergängen und Ausflügen können Familien sich austauschen. Gehen Sie gemeinsam in die Natur und entdecken Sie diese zusammen. Eltern sollten sich Zeit für ihre Kinder nehmen und viele kindgerechte Unternehmungen starten, wie zum Beispiel Fahrradtouren, Schwimmbadbesuche und so weiter. Unterhalten Sie sich dann darüber, was Sie erlebt haben, und besprechen Sie, was besonders schön war.

Lesen Sie Ihrem Kind Geschichten vor und halten Sie immer wieder inne, um das gerade Gesagte Revue passieren zu lassen oder auch die Bilder anzuschauen. Hören Sie gemeinsam Kinderkassetten an und sprechen Sie darüber.

Auch bei Ihren alltäglichen Aufgaben gehört das Miteinander-Sprechen unbedingt dazu. Binden Sie Ihr Kind in Ihren Alltag ein. Kochen Sie mit ihm gemeinsam und überlegen Sie, ob noch Salz oder Pfeffer fehlen. Besuchen Sie die Oma zusammen im Krankenhaus und besprechen Sie, was man ihr mitbringen könnte. Reparieren Sie mit Ihren Kindern gemeinsam das Fahrrad, waschen Sie zusammen das Auto. Es gibt fast nichts, was Sie nicht mit Ihrem Kind tun und worüber Sie nicht mit Ihrem Kind sprechen können.

Grenzen setzen – so geht's!

Kinder werden zwar von alleine »groß« – brauchen jedoch zum Wachsen auch Grenzen, an denen sie sich orientieren und reiben können. Wenn Kinder keine Grenzen erfahren, dann suchen sie sich diese selber. Denn Grenzen geben dem Kind nicht nur Halt, sondern auch Sicherheit – und dem Zusammenleben, besonders in einer Familie, Struktur. Es ist an Ihnen, Grenzen zu finden und zu setzen.

Jede Familie muss ihre eigenen Grenzen finden

Grenzen setzen, ja klar – nur wie? Und welche? Zunächst: Es gibt keine Patent-Grenzen, die auf alle Familien passen. Jede Familie muss ihre eigenen Grenzen finden. Einzige Ausnahme: Handgreiflichkeiten! Gewalt ist tabu, diese Grenze sollten alle wahren.

Ein guter Weg, eigene Grenzen zu finden, kann das Zurückdenken an die eigene Kindheit sein: Was durften Sie? Was nicht? Waren Ihre Eltern sehr/zu streng? Wollen Sie es genauso machen wie Ihre Eltern? Oder ist für Sie ein ganz anderer Weg richtig?

Eltern müssen erkennen, was ihnen wichtig ist – und welche Probleme sie sich ersparen wollen. Das muss zwar gut überlegt sein, wird sich jedoch im Zusammenleben immer wieder verän-

dern. Denn auch die Kinder verändern sich. Grenzensetzen ist somit ein lebendiger Prozess, der von Situation und Alter des Kindes abhängt. Lassen Sie sich also nicht nur von Ihrem Verstand, sondern auch von Ihren Gefühlen leiten. Nur die richtige Mischung macht's!

Schon die Allerkleinsten können Grenzen verstehen

Schon die Kleinsten brauchen Grenzen, und auch ein Baby kann Regeln bereits verstehen. Denn es kann sich die Reaktionen seiner Eltern merken und daraus Schlussfolgerungen ziehen, was das eigene Verhalten betrifft. Kinder jeder Altersstufe lernen und verstehen aus den Erfahrungen, die sie Tag für Tag mit ihren Eltern machen.

Wichtig ist aber, dass hinter jeder Grenze immer eine klare Haltung der Eltern steht: »Du darfst am Tag eine Sendung sehen«, bedeutet, dass die Sendung gemeinsam ausgesucht wird und der Fernseher aber nach dieser Sendung dann auch konsequent ausgeschaltet wird. Ohne weitere Debatten, ohne Heulen, ohne Gebrüll und ohne Geschrei. Wenn Sie das von Anfang an beherzigen, dann wird es später weniger Debatten geben und selbstverständlich für die Kinder sein.

Und machen Sie sich auch klar: Wenn Sie anfangen, Grenzen zu setzen, oder wenn Grenzen sich verschieben, wird das nicht ohne Schwierigkeiten bei Ihnen zu Hause abgehen. Doch Auseinandersetzungen gehören zum Zusammenleben und sind wichtig. Gehen Sie ihnen nicht aus dem Weg.

Setzen Sie Grenzen

Kinder probieren zunächst alles aus – das ist gut so und muss auch so sein. Kinder müssen und wollen ihre Umwelt kennenlernen, erfahren und begreifen. Sie entwickeln so ihre Motorik und ihre Sinne. Auch das Gehirn braucht diese Reize von außen zur Reifung. Für Eltern kann das phasenweise sehr anstrengend sein. Dennoch: Es ist auch die Aufgabe von Eltern, Kindern aufzuzeigen, was geht und was nicht geht. Stellen Sie sich also Ihrer Verantwortung und überlegen Sie, warum und wie Sie bestimmte Dinge durchsetzen.

Warum Kinder und Eltern Grenzen brauchen

Grenzensetzen ist im Kontakt mit Kindern ein fortwährender Prozess, der Anstrengung kostet und Auseinandersetzung fordert. Oft sind Eltern beim Thema Grenzensetzen unsicher. Wichtig ist: Grenzen sind auf keinen Fall etwas Negatives. Im Gegenteil: Sie geben Sicherheit und Schutz. Menschen – und Kinder im Besonderen – wollen und müssen wissen, wie weit sie gehen können.

Kinder brauchen und wollen Grenzen. Das Austesten dieser Grenzen ist für die Entwicklung von Kindern notwendig, auch wenn es für Eltern oft sehr anstrengend ist. Wenn sie ihrem Kind Grenzen setzen, zeigen sie auch: Du bist mir wichtig. Es ist mir nicht egal, was du machst! Das ist für Kinder ganz wesentlich. Grenzenlosigkeit wird von Kindern nämlich schnell als Lieb-

losigkeit wahrgenommen. So widersprüchlich es auf den ersten Blick scheinen mag, Eltern zeigen Ihrem Kind durch ihre Grenzziehung auch, wie wichtig es ihnen ist.

Ein Kind, das alles darf, was es nur will, geht mit dem Einverständnis der Eltern über kurz oder lang über Tische und Bänke. Somit gibt es keine Diskussionen, keine Auseinandersetzungen und auch keine Grenzen. Auf Dauer kommt bei den Kindern jedoch an, dass Eltern einfach keine Stellung beziehen. Eltern, die sich nicht mit Kindern auseinandersetzen, vermitteln so: Du bist mir egal. Mach doch, was du willst!

Welche Grenzen sind nötig?

Es gibt viele kleine Situationen im Alltag und im Zusammenleben mit Kindern, die immer wieder und individuell entschieden werden müssen. Wo setzen Eltern Grenzen? Worauf legen Eltern Wert? Was ist für Eltern noch akzeptabel, was nicht mehr? Denken Sie immer wieder in aller Ruhe darüber nach, diskutieren Sie mit Ihrer Partnerin/Ihrem Partner und Ihrer Umwelt und werden Sie sich darüber zunächst für sich selber klar. Denn für Kinder ist es sehr verwirrend, wenn Eltern dauernd den Standpunkt ändern.

Wichtig ist, dass Eltern auch immer wieder schon bereits gesetzte Grenzen infrage stellen und dass das Grenzensetzen ein dynamischer Prozess bleibt. Denn Dinge ändern sich: Einem Zweijährigen sollten an anderer Stelle Grenzen gesetzt werden als einem Achtjährigen. Grenzen verändern sich mit dem Alter der Kinder und den Entwicklungen in der Familie. Verhandeln Sie Grenzen auch neu und beziehen Sie ältere Kinder und Jugendliche in Ihre Überlegungen mit ein.

Im Kern bedeutet Grenzen zu setzen, Stellung zu beziehen. Es bedeutet, einen klaren Standpunkt zu haben und diesen zu vertreten. Mit liebevoller Konsequenz, Lob und Ermutigung. In fortwährender Auseinandersetzung mit sich selber und den Kindern.

Wie man Grenzen durchsetzt

Es funktioniert nicht, Grenzen hauptsächlich mit drohenden »Wenn-dann-Aussagen« durchzusetzen. Ganz tabu ist Liebesentzug: »Wenn du nicht dein Zimmer aufräumst, dann gibt es keinen Gutenachtkuss.« Das erschüttert Sicherheit und Vertrauen zu den Eltern. Beim Kind kommt an: Meine Eltern haben

mich nicht lieb, wenn ich nicht funktioniere. Besser: »Wenn das Zimmer nicht aufgeräumt ist, haben wir keine Zeit mehr zum Vorlesen, das wäre schade.«

Eltern sollten dennoch zeigen, dass ein bestimmtes Handeln auch Konsequenzen hat. Ein positives Beispiel für einen »Wenn-dann-Satz«: Jedes Kind hat ein eigenes Zimmer, sie übernachten aber am Wochenende gerne gemeinsam. Es kommt zum Streit. Die Kinder können sich nicht einigen. Die Eltern müssen nun Stellung beziehen und eingreifen: »Wenn ihr nicht aufhören könnt zu streiten, dann könnt ihr nicht gemeinsam übernachten. Jeder muss dann im eigenen Zimmer schlafen.« Das ist keine Drohung, sondern eine Ankündigung von Konsequenzen, wenn die Kinder sich nicht einigen können. Kinder müssen erfahren und verstehen, dass bestimmtes Handeln Folgen hat.

Grenzen sind wie ein Haus, das Sicherheit gibt

Ich möchte mit einem Bild deutlich machen, was Grenzen für Kinder bedeuten können:

Stellen Sie sich die Grenzen, die Sie Ihren Kindern setzen, als ein Haus vor. Die Wände und das Dach dieses Hauses beschützen Ihre Kinder, sie geben Wärme und Sicherheit. Ihr Kind hat das feste Vertrauen, sich innerhalb dieses Hauses frei bewegen zu können. Es weiß, wie weit es gehen kann, es weiß, wo der Raum endet und die Wand beginnt. Ihr Kind genießt die Freiheit des Raumes und die Sicherheit durch die Wände. Ohne Wand wäre das Haus kein Haus. Es würde einstürzen und keinen Schutz mehr bieten.

Wir sind heimatlos und orientiertungslos ohne ein Dach und vier Wände. Und ohne Grenzen sind auch Kinder hilflos und überfordert.

Liebevolle Konsequenz

Für Kinder ist es wichtig, dass Dinge sich vorhersehbar entwickeln, dass Eltern nachvollziehbar handeln. Kinder sind verwirrt, wenn gestern etwas erlaubt war, was dann heute verboten ist. Wenn Sie gestern nachgegeben und für das Kind aufgeräumt haben, dürfen Sie sich heute nicht wundern und vor Wut schäumen, wenn es sich weigert beim Aufräumen zu helfen.

Kinder müssen erfahren, dass Eltern ernsthaft Stellung beziehen. »Wir räumen gemeinsam dein Zimmer auf. Ich helfe dir und möchte, dass du auch hilfst.« Eltern müssen sich selber ernst nehmen, nur dann können auch die Kinder beginnen, ihre Eltern ernst zu nehmen. Das erreichen Sie ohne Gebrüll und auch ohne Strafen. Sie erreichen es, wenn Sie liebevoll konsequent bleiben – und mit Ihrem Kind über die Dinge sprechen, Ihrem Kind Konsequenzen ankündigen und auch folgen lassen. Wenn Ihr Kind beim Aufräumen seines Zimmers nicht helfen will, dann kündigen Sie an, dass es aus Zeitmangel dann keine Vorlesezeit mehr geben kann. Denn Sie müssen ja jetzt das Zimmer alleine aufräumen.

Eine klare Haltung sagt mehr als tausend Worte

Was ist eine klare Haltung? Hier ein Beispiel: Eine Familie ist unterwegs. Die Kinder wollen gerne ein Eis haben, die Eltern sind sich uneinig. Sie zögern, diskutieren untereinander und mit den Kindern: »Ich weiß nicht … wir hatten doch gerade … muss denn das sein?« Die Kinder sind verunsichert. Sie wissen nun gar nicht, was los ist. Sie spüren nur: Die Eltern haben selber keine Vorstellung von dem, was sie wollen. Es gibt keine klare Haltung.

Es ist wesentlich, dass Eltern ihre Haltung konsequent und selbstbewusst deutlich machen. Eltern müssen sich also überlegen, was sie warum wollen. »Nein, es gibt jetzt kein Eis, wir hatten schon eins!« oder eben: »Ja, das ist eine gute Idee!«

Keiner tut gerne Dinge, deren Sinn er nicht versteht, das geht auch Kindern so. Grenzen müssen verstanden werden. Erklären Sie Ihrem Kind, warum es nicht auf die heiße Herdplatte fassen darf und warum es das Zimmer aufräumen soll. Nehmen Sie sich Zeit dafür und seien Sie geduldig, liebevoll und konsequent. Wenn es beim ersten und zweiten Mal nicht so klappt, dann haben Sie Geduld mit sich und Ihrem Kind. Seien Sie konsequent, und vielleicht geht es in einigen Wochen schon besser.

Alles meins?

Für Kinder ist es wesentlich zu erfahren, was es bedeutet, in einer Gemeinschaft zu leben, sich einzufügen und zu teilen. Auf andere Rücksicht zu nehmen und etwas abzugeben, sind wichtige Voraussetzungen für das spätere Leben. Wo sollen Kinder diese Dinge lernen, wenn nicht in der eigenen Familie? Also: Diese Erfahrungen können Eltern ihren Kindern im Zusammenleben ermöglichen. Strafen und Belohnungen sind dabei nicht sinnvoll. Kinder brauchen Eltern, die das selbstverständlich vorleben und Stellung beziehen.

Ein Beispiel: Wenn Ihr Kind im Sandkasten alles Spielzeug an sich reißt, dann sollten Sie einschreiten und dem anderen Kind die Dinge zurückgeben. Erklären Sie Ihrem Kind Ihr Handeln: »Das gehört uns leider nicht.« Zeigen Sie, wie es richtig geht, und erklären Sie, dass wir fragen müssen, bevor wir etwas nehmen, was uns nicht gehört. Helfen Sie Ihrem Kind und fragen Sie gemeinsam nach dem gewünschten Spielzeug.

Mein und dein

Kinder müssen den Unterschied zwischen »mein« und »dein« erst lernen und verstehen. Sie sind interessiert an Dingen und wollen sie einfach nur haben – nicht, um sie zu besitzen, sondern um sie zu erforschen. Unter Geschwistern kommt es dann häufig zum Streit. Eltern sollten bei diesem Prozess geduldig sein. Sie können zum Beispiel für jedes Ihrer Kinder eine eigene

Spielkiste einrichten. Kleben Sie gemeinsam mit dem Kind ein Symbol auf seine Kiste oder unterscheiden Sie die Kisten durch Farben, so dass für alle gut erkennbar ist, wem die Spielsachen gehören.

Grenzen ziehen – ohne Strafen

Wie und welche Grenzen gesetzt werden, hängt von der jeweiligen Entwicklungsphase und der Individualität des Kindes ab. Beobachten Sie Ihr Kind und seien Sie sensibel. Überlegen Sie, wo Sie eingreifen wollen und müssen. Denken Sie darüber nach, wo Sie ein Auge zudrücken können und wo Sie auf gar keinen Fall nachgeben möchten. Denn es geht in keinem Fall darum, den Willen der Erwachsenen einfach nur durchzusetzen.

Eltern sollten für Kinder einen Raum schaffen, in dem sie sicher aufwachsen und sich bewegen können. Dazu gehören keine Strafen, sondern Auseinandersetzungen und auch partnerschaftlicher Umgang mit Kindern.

Haben Sie keinen zu hohen Anspruch an sich selber und verzeihen Sie sich Fehler! Es sind wichtige Erfahrungen, die eher hilfreich sind. Entwickeln Sie ein Bauchgefühl für Situationen und tauschen Sie sich im Nachhinein über Ihre Reaktion aus – mit Ihrem Partner, mit Freunden, Bekannten und auch Ihrer Familie.

Sechs Tipps – so geht's leichter

- Ein Kind aus einer Zimmerecke zur anderen zu ermahnen oder ihm etwas zuzurufen sollte vermieden werden. Das bringt gar nichts und führt nur zu Aufregung und Missverständnissen. Suchen Sie den direkten Kontakt. Gehen Sie auf Ihr Kind zu und begeben Sie sich auf Augenhöhe zu ihm.

- Nehmen Sie Körperkontakt über Hände, Arme und Schultern auf und suchen Sie den Blickkontakt mit Ihrem Kind.

- Sprechen Sie ruhig und erklären Sie.

- Sagen Sie deutlich, was Sie von Ihrem Kind wollen und lassen Sie in jedem Fall auch Ihr Kind zu Wort kommen. Sagen Sie nie: »Du bist böse!« Sprechen Sie über das Verhalten Ihres Kindes und urteilen Sie nicht über das Kind selber.

- Schreien Sie Ihr Kind nicht an. Das bringt nichts und ist nicht die Art der Auseinandersetzung, die zu Lösungen führt.

- Und noch etwas: Schimpfen Sie nicht endlos. Das stößt im Zweifel nur auf taube Ohren und erschöpft auch Sie.

Unnötigen Stress vermeiden

Vermeiden Sie unnötigen Stress und un-
nötige Diskussionen, machen Sie sich das
Grenzenziehen nicht so schwer:

- Gestalten Sie den Wohnraum kindersicher. Räumen Sie Ihre wichtigen und
  wertvollen Gegenstände außer Reich-
  weite.

- Gibt es bestimmte Tageszeiten, an denen Ihr Kind besonders schwierig ist? Vielleicht hilft eine Veränderung im Tagesablauf. Früher schlafen gehen zum Beispiel oder eine Ruhephase nach dem lebhaften Spiel
  auf dem Spielplatz. Lesen Sie ein Buch vor oder sehen
  Sie es gemeinsam mit Ihren Kindern an. Oder vielleicht hat Ihr Kind früher Hunger, als Sie glauben? Bieten Sie Obst als Zwischenmahlzeit an.

- Wenn Geschwister sich streiten, ist das für Eltern oft
  anstrengend. Helfen und unterstützen Sie die Kinder
  bei einer Konfliktlösung und lassen Sie den Streit nicht
  eskalieren.

- Bleiben Sie als Eltern konsequent und stärken Sie einander den Rücken.

- Handeln Sie auch mal schnell und warten Sie nicht
  endlos!

Unantastbare Grenzen

Viele Grenzen müssen individuell je nach Kind, Temperament und Familienstruktur gezogen werden. Einige jedoch gelten immer und für alle. Neben absoluter Gewaltfreiheit gibt es auch noch Grenzen, die die Gesundheit Ihres Kindes betreffen. Denn Kinder können Risiken häufig noch nicht einschätzen. Ihr Kind darf auf keinen Fall:

- alleine am Herd spielen

- in die Steckdosen greifen

- am Bügeleisen ziehen

- Aufgelesenes von der Straßen essen

- alleine auf die Straße laufen

- auf die Fensterbank klettern

- an Tischdecken ziehen

Die Aufgabe der Eltern besteht natürlich darin, dafür zu sorgen, dass Kinder nicht unbeaufsichtigt sind und dass Gefahrenquellen beseitigt werden (zum Beispiel dass das heiße Bügeleisen

Ruhig bleiben

- Dehnen Sie Auseinandersetzungen nicht unnötig aus.

- Bedenken Sie: Nur weil Sie laut sind, haben Sie nicht recht.

- Wenn Ihnen zum Schreien zumute ist, machen Sie sich klar: Sie sind Vorbild! Atmen Sie tief durch, zählen Sie bis zehn und beruhigen Sie sich. Wenn es die Situation zulässt, dann verlassen Sie auch ruhig kurz das Zimmer und nehmen Sie sich eine Auszeit. Versuchen Sie dann, ruhig den Konflikt zu klären, und besprechen Sie auch mit dem Kind, warum Sie sich geärgert haben.

nicht in Kindernähe steht). Ein Kind hat keine Vorstellung davon, dass Brandblasen wehtun, stechende Insekten in Flaschen sitzen können und der Sturz aus dem Fenster lebensgefährlich ist. Aber es kann wissen, dass Mama es ernst meint, wenn sie »Nein« sagt.

Auch wenn die eigene Wohnung kindersicher ist, die von Verwandten oder Freunden ist es vielleicht nicht. Und so ein Besuch bei Freunden, die keine Kinder haben, wird dann schnell zum hektischen Stress. Mit einem quengelnden Kind, dem man entweder von Raum zu Raum hinterhereilt oder das heulend auf dem Schoß gefangen gehalten wird.

Halten Sie Besuche in einer nicht kindgerechten Umgebung kurz und belassen Sie es nicht nur beim »Nein«, sondern bieten Sie Alternativen. Ein Kind, das immer nur »Nein« hört, versteht die Welt nicht mehr.

Regeln erleichtern das Miteinander

Im besten Falle sind Regeln liebgewonnene Rituale. Wir Menschen haben im Zusammenleben verschiedene Regeln entwickelt, an die wir uns mehr oder weniger halten. Unsere Erfahrung zeigt uns: Wenn wir uns an bestimmte Formen des Miteinanders halten, klappt das Zusammenleben besser.

Kinder müssen in unsere Gemeinschaft hineinwachsen. Dazu gehört es auch, dass sie verschiedene Regeln erfahren. Doch welche Regeln sind das? Nun, es gibt ein paar Regeln, die für alle gelten, wie zum Beispiel im Straßenverkehr. Andere sind persönlicher und hängen von Ihnen, Ihrem Kind, Ihrer Familie ab.

Eltern sollten Kindern das vorleben, was sie von ihnen verlangen. Hierbei müssen sie sich immer wieder selber überprüfen.

Beispiel Ordnungsliebe: Wenn Ihr Kind ein begeisterter Sammler ist, werden Sie es wahrscheinlich schwer haben, ihm Ihre Vorstellung von Ordnung verständlich zu machen. Besser ist es, wenn Eltern ihrem Kind klarmachen, dass auch Eltern Bedürfnisse haben und man sich auf einen Kompromiss einigt. In diesem Fall, dass es seine Schätze eben nur in seinem Zimmer hortet und nicht im Rest der Wohnung verstreut.

Regeln entwickeln

Fragen Sie sich bei allem, was Sie Ihrem Kind abverlangen erst einmal:

- Kann mein Kind sich so verhalten, wie ich es von ihm erwarte?

- Wird das dem Wesen des Kindes gerecht?

- Um welche Bedürfnisse geht es in diesem Konflikt? Ist alles im Sinne des Kindes oder steht nur meine eigene Bequemlichkeit im Vordergrund?

- Halte ich mich selbst auch an Regeln, oder gelten die nur für Kinder? Bin ich ein gutes Vorbild?

Auch hier müssen Eltern Vorbild sein und das vorleben, was sie von ihrem Kind verlangen. Sie müssen aufrichtig zu ihm sein

und Fehler eingestehen können. Denn ein Kind merkt sofort, wenn die Eltern sich unsicher sind.

Wenn Sie von Ihrem Kind verlangen, seine Sachen in Ordnung zu halten, dann muss Ihr Kind auch erleben, dass Sie aufräumen. Das Kind erfährt so, dass bestimmte Dinge sein müssen und auch Erwachsene mit gutem Vorbild vorangehen. Regeln dürfen nicht statisch sein. Sie müssen dynamisch sein und sich mit Kindern und Eltern entwickeln.

Müssen Regeln geschrieben stehen?

Es ist nicht so gedacht, dass das Miteinander in der Familie mit geschriebenen Regeln festgelegt ist. Regeln sollen einfach selbstverständlich im Umgang miteinander werden.

Eine Regel kann auch ein schönes Ritual sein. Zum Beispiel: Wir fangen ein Essen gemeinsam am Tisch an. Manchmal jedoch, wenn sich etwas verändern soll, kann es sinnvoll sein, eine kleine Familienkonferenz einzuberufen und Wünsche und Bedürfnisse zu sammeln und sie auch erst mal schriftlich zu formulieren. Das ist der erste Schritt zur Veränderung.

Diese Familienregeln sollten gemeinsam weiterentwickelt werden. Alle Familienmitglieder werden ernst genommen und angehört. Zum Aufschreiben der Regeln kann bunter, fröhlicher Pappkarton verwendet werden. Jüngere Kinder können auch Symbole selber malen.

Wichtig ist eine Auseinandersetzung mit den Kindern im Dialog. Auf keinen Fall sollten Eltern einfach Regeln aufstellen.

Schon das gemeinsame Überlegen und suchen nach Regeln ist ein ganz wichtiger Prozess für die Familie. Hängen Sie dann als »Neuanfang« ruhig auch die bunten Pappen auf und ermuntern Sie die Kinder, darauf zu achten, dass auch Mama und Papa sich an die Vereinbarungen halten.

Welche Regeln sollen bei uns gelten?

Im Zusammenleben von Familien gibt es immer wieder ähnliche Konfliktpunkte:

- Freizeitgestaltung (Fernsehen, Computer, Hobbys)
- Essenszeit (Süßigkeiten, Mithilfe)
- Formen der Auseinandersetzung (Schlagen, Schreien)
- Schlafenszeit
- Aufgabenverteilung in der Familie

Wenn Ihnen noch andere Dinge ganz besonders wichtig sind, dann verlängern Sie die Liste. Aber verlieren Sie dabei folgende Punkte nicht aus den Augen. Regeln sollten:

- liebevoll formuliert sein
- für das Alter des Kindes angemessen sein
- für das Kind verständlich sein
- in das jeweilige Familienleben und die Lebenssituation passen

Wenn Sie bewusst etwas verändern wollen, setzen Sie sich mit Ihrem Partner zusammen und überlegen Sie, welche Regeln sinnvoll sind und in Ihrer Familie gelten sollen. Halten Sie dabei nicht an irgendwelchen Vorstellungen einer so genannten perfekten Familie fest. Fragen Sie sich, wie Ihre Familie sein soll, was Sie von Ihren Kindern möchten und auch, was Sie leisten können. Sprechen Sie die Schwierigkeiten in Ihrem Familienleben an und das, was Sie gerne ändern wollen.

Vergessen Sie nicht, Regeln auch immer wieder zu überprüfen. Kinder und Eltern entwickeln sich weiter.

Eine Grundregel für Eltern: Stellen Sie an sich und Ihr Kind keine überzogenen Erwartungen. Und bedenken Sie: Es gibt nicht wirklich richtig oder falsch, sondern nur schwierige Situationen, mit denen Sie manchmal besser und manchmal weniger gut umgehen.

Lautes Geschrei!

Wer am lautesten schreit, hat recht? Dass das nicht so ist, wissen Erwachsene. Kinder müssen das erst lernen. Gehen Sie mit gutem Beispiel voran, sprechen Sie ruhig mit Ihren Kindern und fallen Sie sich nicht ins Wort. Kinder müssen erst die Erfahrung machen, dass ihnen auch zugehört wird, wenn sie nicht sofort reden können, sondern auch mal warten müssen, bis sie an der Reihe sind. Ermöglichen Sie den Kindern diese Erfahrung, und Sie werden sehen, dass Kinder schnell die Rechte anderer akzeptieren können, wenn Sie selber auch zu ihrem Recht kommen.

- Versuchen Sie dem Kind deutlich zu machen, dass das laute Geschrei nichts bringt und es auch gehört wird, wenn es in normaler Lautstärke spricht.

- Gehen Sie mit gutem Beispiel voran und zeigen Sie Ihrem Kind, dass es auch ohne Geschrei geht. Seien Sie hier liebevoll konsequent und verlassen Sie auch ruhig das Zimmer: »So kann ich nicht mit dir sprechen!«

- Unterlassen Sie Drohungen wie zum Beispiel: »Wenn du nicht aufhörst, gebe ich dir gleich wirklich einen Grund zum Schreien.« Das geht völlig an der Situation vorbei. Kinder werden hier nicht ernst genommen. Im Gegenteil, das ist herablassend und abschätzig dem Kind gegenüber. Das spüren Kinder, und der Konflikt eskaliert unnötig.

- Lassen Sie sich auch in der Öffentlichkeit nicht aus der Ruhe bringen. Wenn es gar nicht mehr geht, verlassen Sie den Supermarkt ruhig frühzeitig oder nehmen Sie den nächsten Bus. Wichtig: Ruhig bleiben und handeln! Verharren Sie nicht hilflos vor dem Kind. Beziehen Sie Stellung!

- Versuchen Sie unbedingt zu ergründen, was hinter dem Wutanfall steckt. Versetzen Sie sich in das Kind und die Situation hinein. Sprechen Sie die Gefühle des Kindes an und zeigen Sie Verständnis. Oft ist die Wut durchaus nachvollziehbar.

- Gestehen Sie sich ein, wenn Sie falsch reagiert haben, und entschuldigen Sie sich dann auch beim Kind. So lernt das Kind, dass auch Erwachsene nicht immer richtig handeln, und Sie geben ein gutes Vorbild, wie man damit umgeht.

● Aber: Verstehen Sie, dass Kindergeschrei auch Ausdruck von Lust, Freude und Fröhlichkeit sein kann! Kinder brauchen diese Möglichkeit, um Energien loszuwerden. Drücken Sie das nicht weg, und machen Sie auch mal mit.

Streng verboten!

In die Kategorie »Streng verboten« gehört alles, was einen anderen Menschen körperlich oder seelisch verletzt: schlagen, hauen, boxen, treten, beißen und beleidigen. Hinzu kommt alles, was ein Kind in Gefahr bringen kann: weglaufen im Straßenverkehr, das Öffnen des Gurtes im Auto und das Spielen mit gefährlichen Haushaltsgegenständen.

Kleine Kinder sind sehr neugierig. Versuchen Sie, das Kind von gefährlichen Dingen abzuhalten, ohne den wünschenswerten Wissensdrang einzudämmen. Das kann auch mal anstrengender sein, wenn Eltern zum Beispiel Kinder auf kleinen Entdeckungsreisen begleiten müssen, weil es alleine zu gefährlich ist.

Eltern sollten darauf achten, dass sie nicht ständig nur von Regeln sprechen. Wenn es für alles und jedes eine Regel gibt, wird es nur noch anstrengender. Der Umgang mit Kindern wird dann holzschnittartig und stupide. Das ist nicht der Sinn der Sache, und der Familienalltag wird keinem mehr Spaß machen.

Wenn Sie nie aufhören, über sich selber nachzudenken, sich mit anderen auszutauschen (Partnern, Freunden etc.) und sich in Ihr Kind hineinzuversetzen, dann steht einem lebendigen, bewegten und harmonischen Familienalltag nichts mehr im Wege.

Leitlinien für kleine Verkehrsteilnehmer

Kinder sind im Straßenverkehr ganz besonderen Gefahren ausgesetzt: Zum einen werden sie aufgrund ihrer Körpergröße schlecht gesehen, zum anderen können sie auch selber noch nicht so weit gucken und alle Zusammenhänge überblicken. Deshalb gelten im Straßenverkehr Regeln, auf deren Einhaltung Sie als Eltern unbedingt bestehen müssen und deren Einhaltung Sie auch überprüfen müssen. Sie haben hier eine große Verantwortung. Bedenken Sie: Jede Ausnahme kann tödlich sein:

- Halten Sie Ihr Kind beim Überqueren der Straße an der Hand – zumindest bis es aus dem Trotzalter ist. Üben Sie das Überqueren der Straße mit Kindern. Danach können Kinder ganz gut alleine mit ihnen gehen.

- Auf dem Bürgersteig und am Straßenrand wird angehalten, egal ob Ihre Kinder zu Fuß oder per Fahrrad unterwegs sind. Üben Sie das immer wieder mit Ihrem Kind. Seien Sie konsequent! Diese Regel gehört zu einer der wenigen, bei der es keine Ausnahmen geben wird. Wichtig: Erklären Sie dem Kind, warum Sie so konsequent sind und lassen Sie zum Beispiel das Fahrrad notfalls zu Hause, wenn es immer wieder zu Problemen kommt.

- Üben Sie mit Ihrem Kind, wie man eine Straße gefahrlos überquert. Schauen Sie nach links und rechts, ruhig

mit dem ganzen Oberkörper, nicht nur dem Kopf. Nehmen Sie sich Zeit, Ihr Kind zu fragen, ob es ein Auto kommen sieht. Auch hier gilt wieder: Seien Sie Vorbild und schauen Sie sehr genau, wenn Sie hinter einem parkenden Auto auf eine Straße treten. Kinder lernen hier ganz direkt von ihren Eltern.

Erwachsene sollten mit Kindern immer Ampeln und Zebrastreifen nutzen und niemals bei Rot über die Straße laufen. Auch nicht, wenn Sie mal den Bus noch schnell bekommen wollen. Eltern sind auch hierbei Vorbild für ihr Kind.

Manchmal ist der kürzeste Weg zum Kindergarten oder zur Schule nicht der sicherste. Denken Sie dann über Alternativen nach und gehen Sie den Weg mehrmals mit Ihrem Kind ab, bis Sie ein sicheres Gefühl haben.

Beim Zebrastreifen ist besondere Vorsicht geboten, weil nicht immer alle Autos anhalten! Kinder sollten sich hier durch Handzeichen bemerkbar machen und Blickkontakt zum Fahrer suchen.

Kinder sollten Fahrradhelme und helle Jacken tragen – auch Reflektorstreifen zum Umbinden oder signalfarbene Schutzwesten für Kinder können dazu beitragen, dass sie im Straßenverkehr besser auffallen. Denn die Kinder werden so in der Dunkelheit oder bei diesigem Regenwetter von den Autofahrern besser gesehen.

Register

Register